WILLIAM SHAKESPEARE

DIE KOMÖDIE
DER IRRUNGEN

KOMÖDIE

DEUTSCH VON
WOLF HEINRICH GRAF BAUDISSIN
NEU DURCHGESEHEN
UND MIT EINEM NACHWORT VON
OTTO C. A. ZUR NEDDEN

PHILIPP RECLAM JUN. STUTTGART

Englischer Originaltitel:
The Comedy of Errors

Umschlagabbildung: Antipholus begegnet Adriana und
Luciana (II,2). Stich von T. Milton nach einer Vorlage von
Johann Heinrich Füssli, 1804.

Universal-Bibliothek Nr. 273
© 1959 Philipp Reclam jun. GmbH & Co., Stuttgart
Satz: Sommer & Söhne, Feuchtwangen
Druck und Bindung: Reclam, Ditzingen
Printed in Germany 1991
RECLAM und UNIVERSAL-BIBLIOTHEK sind eingetragene
Warenzeichen der Philipp Reclam jun. GmbH & Co., Stuttgart
ISBN 3-15-000273-7

PERSONEN

Solinus, Herzog von Ephesus

Ägeon, ein Kaufmann aus Syrakus

Antipholus von Ephesus ⎱ Zwillingsbrüder und
Antipholus von Syrakus ⎰ Söhne des Ägeon

Dromio von Ephesus ⎱ Zwillingsbrüder und Sklaven
Dromio von Syrakus ⎰ der beiden Antipholus

Balthasar, ein Kaufmann

Angelo, ein Goldschmied

Ein Kaufmann, Freund des Antipholus von Syrakus

Doktor Zwick, ein Schulmeister und Beschwörer

Ämilia, Frau des Ägeon, Äbtissin zu Ephesus

Adriana, Frau des Antipholus von Ephesus

Luciana, Schwester der Adriana

Lucie, Adrianens Kammermädchen

Eine Kurtisane

Ein Diener

Kerkermeister, Gerichtsdiener und Gefolge

Die Szene ist in Ephesus.

PERSONEN

Solinus, Herzog von Ephesus.
Ägeon, ein Kaufmann aus Syrakus.
Antipholus von Ephesus, Zwillingsbrüder und
Antipholus von Syrakus, Söhne des Ägeon.
Dromio von Ephesus, Zwillingsbrüder und Sklaven
Dromio von Syrakus, der beiden Antipholis.
Balthasar, ein Kaufmann.
Angelo, ein Goldschmied.
Ein Kaufmann, Freund des Antipholus von Syrakus.
Doktor Zwick, ein Schulmeister und Beschwörer.
Ämilia, Frau des Ägeon, Äbtissin zu Ephesus.
Adriana, Frau des Antipholus von Ephesus.
Luciana, ihre Schwester.
Lucie, Adrianas Kammermädchen.
Eine Buhlerin.
Ein Diener.
Kerkermeister, Gerichtsdiener und Gefolge.

Die Szene ist in Ephesus.

ERSTER AKT

ERSTE SZENE

Eine Halle in des Herzogs Palast.

*Es treten auf der Herzog von Ephesus, Ägeon,
der Kerkermeister und Gefolge.*

Ägeon. Fahr fort, Solin! Sei Fördrer meines Falles,
Dein Urteil ende Schmerz und Gram und alles.
Herzog. Kaufmann aus Syrakus, hör auf zu rechten;
Ich kann parteiisch das Gesetz nicht kürzen;
Die Fehd' und Zwietracht, die uns jüngst erwuchs
Durch Eures Herzogs tückische Mißhandlung
Ehrsamer Kaufherrn, meiner Untertanen
(Die, Geld entbehrend, um sich loszukaufen,
Sein hart Gesetz mit ihrem Blut gebüßt),
Bannt alle Gnad' aus unserm drohnden Blick.
Denn seit dem tödlichen und innern Zwist,
Des Bosheit Eure Stadt von uns getrennt,
Verbot ein feierlicher Volksbeschluß,
So bei den Syrakusern wie bei uns,
Daß kein Verkehr sei zwischen beiden Häfen.
Noch mehr:
Läßt ein geborner Epheser sich sehn
Auf Jahrmarkt oder Mess' in Syrakus;
Und kommt ein Mann, aus Syrakus entstammt,
Zum Hafenplatz von Ephesus — der stirbt.
Sein ganz Vermögen fällt dem Herzog zu,
Es sei denn, daß er tausend Mark bezahlt,
Der Strafe zu entgehn, als Lösegeld.
Nun, deine Habe, noch so hoch geschätzt,
Beläuft sich, denk ich, kaum auf hundert Mark;
Deshalb bist du dem Tod mit Recht verfallen.
Ägeon. Das ist mein Trost: Erfüllt man dein Gebot,
Stirbt mit der Abendsonn' auch meine Not.

Herzog. Wohl, Syrakuser, sag uns kurz den Grund,
    Warum du zogst aus deiner Vaterstadt,
    Und was dich hergeführt nach Ephesus?
Ägeon. O schwerste Pflicht, die du mir auferlegt,
    Dir auszusprechen unaussprechlich Leid!
    Doch, daß die Welt bezeuge, Vatersehnsucht,
    Nicht niedrer Frevel wirkte meinen Tod,
    Erzähl ich dir, soviel mein Gram erlaubt.
        Ich stamm aus Syrakus und wählte mir
    Ein Weib zur Gattin; ich durch sie beglückt,
    Und sie durch mich, wenn uns kein Unstern traf.
    Mit ihr lebt' ich vergnügt; mein Reichtum wuchs
    Durch Reisen, die ich oft mit Glück vollführt
    Nach Epidamnus, bis mein Faktor starb.
    Die große Sorg' um preisgegebne Güter
    Riß mich aus meiner Gattin treuem Arm.
    Noch nicht sechs Monde waren wir getrennt,
    Als jene schon (obgleich erliegend fast
    Der süßen Strafe, die des Weibes Erbteil)
    Anstalt getroffen, um mir nachzureisen,
    Und schnell und froh gelangte sie zu mir.
    Nicht lange war sie dort, da wurde sie
    Beglückte Mutter von zwei wack'ren Söhnen,
    Die, seltsam, jeder so dem andern ähnlich,
    Daß man sie nur durch Namen unterschied.
    Zur selben Stund' und in demselben Wirtshaus
    Kam eine arme Frau ins Wochenbett
    Mit Zwillingssöhnen, die sich völlig glichen;
    Und beide, weil die Eltern ganz verarmt,
    Kauft' ich, und zog sie groß zum Dienst der meinen.
    Mein Weib, nicht wenig stolz auf ihre Knaben,
    Betrieb die bald'ge Heimkehr Tag für Tag.
    Ungern gewährt' ich's ihr, ach, nur zu schnell!
    Wir schifften ab.
    Und kaum 'ne Meil' in See von Epidamnus,
    Als die dem Wind stets untertän'ge Tiefe
    Uns manche Vorbedeutung wies des Unglücks.
    Und länger blieb uns wenig Hoffnung mehr;
    Denn, was von trübem Licht der Himmel gönnte,
    Bot unsern furchterfüllten Seelen nur

Die zu gewisse Bürgschaft nahen Todes.
Ich selber hätt' ihn freudig wohl umarmt;
Allein das stete Jammern meines Weibes,
Die, was sie kommen sah, voraus beweinte,
Und meiner lieben Knaben ängstlich Schrein,
Die nur das Weinen, nicht die Furcht verstanden,
Zwang mich, nach Aufschub noch für uns zu spähn,
Denn Aufschub nur, kein Rettungsmittel gab's.
Das Schiffsvolk sucht' im Boote sich zu bergen,
Uns ließen sie das Schiff, zum Sinken reif.
Mein Weib, besorgter für den Jüngstgebornen,
Hatt' ihn befestigt an 'nem kleinen Notmast,
Wie ihn der Seemann mitnimmt für den Sturm;
Zu dem band sie den einen Sklavenzwilling,
Und ich war gleich bemüht für beide andre.
Die Kinder so verteilt, mein Weib und ich,
Die Blicke treu auf unsre Sorge heftend,
Banden uns an des Mastbaums Enden fest;
Und auf den Wogen treibend mit dem Strom
Gelangten wir, so schien es, gen Korinth.
Nun endlich brach die Sonne mild herein,
Die Nebel wichen, die uns widerstrebt,
Und durch die Wohltat ihres holden Lichts
Ward still die Flut, und unser Aug' entdeckte
Zwei Schiffe, die mit Eile sich uns nahten,
Dies von Korinth, von Epidaurus jenes.
Doch eben jetzt — weh mir, was mußt' ich sehn —,
Errat aus dem Erzählten, was geschehn!
Herzog. Nein, weiter, alter Mann, brich so nicht ab,
Denn Mitleid darf ich, wenn nicht Gnade schenken.
Ägeon. Oh, taten das die Götter, braucht' ich nicht
Sie jetzt mit Recht der Grausamkeit zu zeihn!
Denn, eh' die Schiffe uns nah auf zwanzig Knoten,
Gerieten wir an ein gewaltig Riff,
Und heftig angetrieben an den Fels
Brach unser hilfreich Fahrzeug mittendurch,
So, daß in dieser ungerechten Scheidung
Fortuna jedem, gleichverteilend, ließ,
Was seines Lebens Freud' und Sorge sei.
Ihr Teil, der Armen, der befrachtet schien

Nicht mindrer Last, obschon nicht minderm Gram,
Ward schneller fortgetrieben vor dem Wind,
Und aufgefangen sah ich alle drei
Durch Fischer aus Korinth, wie mir's erschien.
Zuletzt nahm uns ein andres Schiff an Bord,
Und hörend, wen das Glück durch sie erlöst,
Gab uns die Mannschaft freundlichen Willkommen
Und raubt' auch wohl den Fischern ihre Beute,
Wenn nicht die Jacht ein schlechter Segler war;
Und deshalb lenkte sie den Lauf zur Heimat.
Jetzt wißt Ihr, wie ich all mein Heil verlor,
Und Mißgeschick mein Leben nur erhielt,
Um meines Unglücks Trauermär zu melden.
Herzog. Um derer willen, die du so beklagst,
Tu mir die Freundschaft und berichte noch,
Wie's jedem denn und dir seitdem erging.
Ägeon. Den jüngsten Sohn, und doch mein ältstes Leid,
Befiel nach achtzehn Jahren heiße Sehnsucht
Nach seinem Bruder. So bestürmt' er mich,
Daß ihn sein Diener (der im gleichen Fall,
Beraubt des Bruders, dessen Namen führt)
Begleiten dürf', um jenen zu erspähn.
Und weil er krank aus Liebe zum Verlornen,
Wagt' ich es, den Geliebten zu verlieren.
Fünf Jahr' durchsucht' ich alles griech'sche Land,
Durchzog die fernsten Winkel Asiens,
Und kam, heimfahrend, jetzt nach Ephesus.
Zwar hoffnungslos, wollt' ich doch diesen Ort
Wie jeden, wo nur Menschen sind, durchforschen.
Hier endet die Geschichte meines Lebens,
Und glücklich preis ich meinen frühen Tod,
Gäb' all mein Reisen mir Gewähr: sie lebten.
Herzog. Unseliger Ägeon! Vorbestimmt,
Den höchsten Grad der Trübsal zu erdulden!
O glaub mir, wär's nicht wider das Gesetz
Und wider Krone, Würd' und fürstlich Wort,
Das, wollt' er's auch, kein Herrscher darf umgehn,
Mein Herz verföcht' als Anwalt deine Sache.
Doch, ob du gleich verfallen bist dem Tod,
Und Widerruf des abgestimmten Spruchs

Zu großem Eintrag unsrer Ehre führte,
Will ich dich begünst'gen wie ich's kann.
Drum, Kaufmann, frist ich dir noch diesen Tag,
Daß du dir Hilf' in Freundeshilfe suchst.
Frag alle, die du kennst in Ephesus,
Bitt oder borge bis die Summ' erfüllt,
Und lebe. Kannst du's nicht, so stirbst du dann.
Schließer, du stehst für ihn.

Schließer. Wohl, gnäd'ger Fürst.

Ägeon. Zwar hilf- und trostlos, will's Ägeon wagen,
Bis morgen nur sein Leben zu vertagen.

         (Alle gehen ab.)

ZWEITE SZENE

Ein öffentlicher Platz.

*Es treten auf Antipholus von Syrakus,
ein Kaufmann und Dromio von Syrakus.*

Kaufmann. Deshalb sagt aus, Ihr seid von Epidamnus,
Sonst wird auf Euer Gut Beschlag gelegt.
Noch heut erst ward ein Syrakuser Kaufmann
Verhaftet, der allhier gelandet ist.
Und weil er nicht sein Leben lösen kann,
Trifft ihn der Tod nach unserm Stadtgesetz,
Eh' noch die müde Sonn' im Westen sinkt. —
Hier ist Eu'r Geld, das Ihr mir anvertraut.

Antipholus. Geh, trag's in den „Zentauren", wo wir
                     wohnen,
Und bleib dort, Dromio, bis ich wiederkomme.
In einer Stund' ist Mittagessenszeit;
Bis dahin will ich mir das Volk betrachten,
Den Käufern zusehn, die Paläste merken,
Und dann in unsern Gasthof schlafen gehn,
Weil ich ermüdet bin vom weiten Reisen.
Nun mach dich fort.

Dromio. Wohl mancher möcht' Euch jetzt beim Worte
                     nehmen,
Und wandern mit so hübschem rundem Schatz.

     (Er geht ab.)

Antipholus. Ein treuer Bursch, mein Herr, der mir
                              schon oft,
   Wenn ich verstimmt durch Schwermut oder Kummer,
   Den Sinn erleichtert hat mit munterm Scherz.
   Wollt Ihr mich nicht begleiten durch die Stadt,
   Und dann ins Wirtshaus gehn und mit mir speisen?
Kaufmann. Ich ward bestellt, mein Herr, von ein'gen
                              Wechslern,
   Wo mich ein vorteilhaft Geschäft erwartet.
   Deshalb verzeiht. Doch nach der fünften Stunde,
   Wenn's Euch gefällt, treff ich Euch auf dem Markt
   Und bleibe dann bei Euch bis Schlafenszeit;
   Jetzt ruft mich jener Handel von Euch ab.
Antipholus. Lebt wohl so lang; ich schlendre dann
                              allein,
   Und wandre auf und ab, die Stadt zu sehn.
Kaufmann. Seid Eurem besten Wohlsein dann emp-
                              fohlen. *(Er geht ab.)*
Antipholus. Wer meinem besten Wohlsein mich
                              empfiehlt,
   Der wünscht mir, was ich nie erreichen kann.
   Ich gleich in dieser Welt 'nem Tropfen Wasser,
   Der einen andern Tropfen sucht im Meer;
   Er stürzt hinein, zu finden den Gefährten,
   Und ungesehn verschwimmt er selbst im Forschen,
   So ich, indem ich Mutter such und Bruder,
   Verschwind ich Armer selbst auf ihrer Spur.
            (Dromio von Ephesus kommt.)
   Hier kommt mein wahrer Lebensalmanach. —
   Wie nun! Was kehrst du denn so bald zurück?
Dromio v. E. So bald zurück? Fragt doch, warum so
                              spät?
   Die Gans verbrennt, das Ferkel fällt vom Spieß,
   Die Glock' im Turm schlug zwölf, und meine Frau
   Macht', daß es eins auch schlug auf meiner Backe;
   Sie ist so heiß, weil Eure Mahlzeit kalt ward;
   Die Mahlzeit wurde kalt, weil Ihr nicht heimkommt;
   Ihr kommt nicht heim, weil Ihr nicht Hunger habt;
   Euch hungert nicht, weil Ihr die Fasten brach't;
   Doch wir, die Fasten halten und Gebet,

Wir büßen, was Ihr sündigt früh und spät.
Antipholus. Still doch! spar deine Lunge! Sag mir
jetzt,
Wo ließest du das Geld, das ich dir gab?
Dromio v. E. Oh, die sechs Dreier, Herr, vom letzten
Mittwoch,
Für den zerrißnen Schwanzriem meiner Frau?
Die hat der Sattler, ich behielt sie nicht.
Antipholus. Ich bin zu Spässen heut nicht aufgelegt;
Sag mir und scherze nicht: Wo ist das Geld?
Da wir hier fremd sind, wie getraust du dich,
So große Summe außer acht zu lassen?
Dromio v. E. Ich bitt Euch, scherzt, wenn Ihr zu
Tische sitzt!
Mich sendet unsre Frau zu Euch als Post,
Und kehr ich heim, traktiert sie mich als Pfosten.
Denn was ihr fehlt, kerbt sie mir auf den Kopf.
Mich dünkt, Eu'r Magen sollt' Euch Glocke sein,
Und Euch nach Hause schlagen ohne Boten.
Antipholus. Hör, Dromio, dieser Spaß kommt sehr
zur Unzeit;
Spar ihn mir auf für eine beßre Stunde.
Wo ist das Gold, das ich dir anvertraut?
Dromio v. E. Mir, Herr? Ei wahrlich, Herr, Ihr gabt
mir nichts.
Antipholus. Hör mich, Herr Schlingel! laß die
Albernheit
Und sag, wie du besorgtest deinen Auftrag.
Dromio v. E. Mein Auftrag war, vom Markt Euch
heimzuholen.
In Euer Haus, den „Phönix", Herr, zum Essen.
Die Frau und ihre Schwester warten schon.
Antipholus. Nun denn, so wahr ich Christ bin, steh
mir Rede,
An welchen sichern Ort brachtst du das Gold?
Sonst schlag ich dir den lust'gen Schädel mürbe,
Der Possen reißt, wenn mir's verdrießlich ist.
Wo sind die tausend Mark, die ich dir gab? —
Dromio v. E. Zwar einige Marken trägt mein Kopf
von Euch,

Auch einige Marken Eurer Frau mein Rücken;
Doch das beläuft sich nicht auf tausend Mark.
Wollt' ich Eu'r Gnaden die zurückbezahlen,
Ich glaub', Ihr stricht sie nicht geduldig ein.
Antipholus. Von meiner Frau? Sag, Kerl, von wel-
                    cher Frau?
Dromio v. E. Eu'r Gnaden Liebste, meine Frau im
                    Phönix,
Die jetzt noch fastet, bis Ihr kommt zum Essen,
Und bittet, daß Ihr eilig kommt zum Essen.
Antipholus. Was, Schurke, neckst du mich ins An-
                    gesicht,
Da ich's verbot? Da hast du eins, Herr Schlingel!
Dromio v. E. Was meint Ihr, Herr? Um Gottes
                    willen, halt!
Laßt Ihr die Hand nicht ruhn, brauch ich die Beine.
(Er läuft davon.)
Antipholus. Bei meiner Treu! durch irgendeinen
                    Streich
Ward mir der Tropf um all mein Gold geprellt!
Man sagt, die Stadt sei voll Betrügerein,
Behenden Gauklern, die das Auge blenden,
Nächtlichen Zaubrern, die den Sinn verstören,
Mordsücht'gen Hexen, die den Leib entstellen,
Verlarvten Gaunern, schwatzenden Quacksalbern,
Und von Freigeistern aller Art und Zucht.
Wenn das der Fall ist, reis ich um so eh'r.
Gleich such ich im „Zentauren" meinen Knecht;
Ich fürchte sehr, mein Geld bewahrt' ich schlecht. —
(Er geht ab.)

ZWEITER AKT

ERSTE SZENE

Haus des Antipholus von Ephesus.

Adriana und Luciana treten auf.

Adriana. Mein Mann kommt nicht zurück, auch nicht
der Diener,
Den ich so eilig sandt', ihn aufzusuchen.
Gewiß, Luciana, es ist schon zwei Uhr.
Luciana. Vielleicht, daß ihn ein Kaufmann eingeladen,
Und er vom Markt mit ihm zur Mahlzeit ging.
Laß jetzt uns essen, Schwester; sei nicht mürrisch,
Ein Mann ist über seine Freiheit Herr,
Die Zeit der Männer Herrin; wie sie's fügt,
Gehn sie und kommen; drum sei ruhig, Schwester.
Adriana. Ward Männern größre Freiheit zugeteilt?
Luciana. Ja, weil ihr Streben nicht im Hause weilt.
Adriana. Wollt' ich ihm so begegnen, trüg' er's kaum!
Luciana. Du weißt, der Mann ist deines Willens Zaum.
Adriana. Nur Esel zäumt man so bequem und leicht!
Luciana. Nun, trotz'ge Freiheit wird durch Zucht
gebeugt.
Kein Wesen gibt's, das nicht gebunden wär',
Sei's auf der Erde, sei's in Luft und Meer;
Tier, Fisch und Vogel folgt als seinem König
Dem Männchen stets und ist ihm untertänig;
Den göttlicheren Mann — den Weltgebieter,
Der weiten Erd' und wilden Fluten Hüter,
Dem sein Verstand und seines Wissens Kraft
Den Vorrang über Fisch und Vogel schafft —
Verehrt das Weib als seinen Herrn,
Drum dien auch du und folg ihm treu und gern.
Adriana. Um nicht zu dienen, bleibst du unvermählt.
Luciana. Nein! weil der Ehstand so viel Sorgen zählt.
Adriana. Doch wärst du Frau, trügst du die Knecht-
schaft still?
Luciana. Gehorchen lern ich, eh' ich lieben will.

Adriana. Wie, wenn dein Mann fortbliebe, hieltst
du's aus?
Luciana. Ich harrte ruhig, bis er käm' nach Haus!
Adriana. Geduld, nie aufgereizt, wird leicht geübt;
Sanftmütig bleibt der wohl, den nichts betrübt.
Den Armen, den das Unglück ganz verstört,
Spricht man zur Ruh', wenn man ihn weinen hört;
Doch trügst du gleiche Schmerzen, gleiche Plagen,
Du würdest selbst noch bittrer dich beklagen.
Dich hat kein rauher Gatte je beleidigt,
Sonst hätt'st du wohl Geduld nicht zahm verteidigt;
Wird erst ein Mann so viel an dir verschulden,
Jagst du zum Teufel das gefällige Dulden.
Luciana. Nun wohl, wer weiß! Zur Probe möcht' ich
frein. —
Da kommt dein Knecht, weit kann dein Mann nicht
sein.

(Dromio von Ephesus kommt.)

Adriana. Sprich, ist dein säumiger Herr jetzt bei der
Hand?
Dromio v. E. Nein, mit mir war er bei zwei Hän-
den, und das können meine zwei Ohren bezeugen.
Adriana. Sag, sprachst du ihn? Vernahmst du sein
Begehr?
Dromio v. E. Ja, sein Begehren schrieb er mir aufs
Ohr;
Ich faßt' ihn nicht, wie schlagend auch die Gründe.
Luciana. Sprach er so zweideutig, daß du seine Mei-
nung nicht begreifen konntest?
Dromio v. E. Nein, er schlug so grade zu, daß mein
Rücken die Schläge nur zu gut begriff; und dabei
doch so zweideutig, daß ich sie kaum fassen konnte.
Adriana. Doch sag, ich bitt dich, kommt er bald nach
Haus?
Mir scheint, er denkt recht treu an seine Frau! —
Dromio v. E. Hört, Frau, der Herr ist, glaub ich,
hörnertoll.
Adriana. Wie, Schurke! Hörnertoll?
Dromio v. E. Nicht hahnreitoll, doch sicher rasend
toll;

Als ich ihn bat, zum Essen heimzukommen,
So fragt' er mich nach tausend Mark in Gold.
„'s ist Essenszeit", sagt' ich; „mein Gold", sagt' er.
„Das Fleisch brennt an", sagt' ich; „mein Gold!"
                              sagt' er.
„Kommt Ihr nicht bald?" sagt' ich; „mein Gold!"
                              sagt' er;
„Wo sind die tausend Mark, die ich dir gab?"
„Die Gans verbrennt", sagt' ich; „mein Gold!" sagt' er.
„Die Frau", sprach ich — „zum Henker mit der Frau!
Ich weiß von keiner Frau; fort mit der Frau!" —

Luciana. Sprach wer?

Dromio v. E. Sprach unser Herr;
  „Ich weiß", sprach er, „von Haus nicht, noch von
                              Hausfrau."
Und meinen Auftrag, den die Zunge überbrachte,
Trägt meine Schulter heim, das dank ich ihm,
Denn, kurz und gut, er gab mir Schläge drauf.

Adriana. Geh wieder hin, du Schurke, hol ihn her.

Dromio v. E. Noch einmal gehn und neue Prügel
                              holen?
  Um Gottes willen, schickt 'nen andern Boten.

Adriana. Lauf, Schurk', sonst schlag ich kreuzweis dir
                            den Kopf!

Dromio v. E. Dann segnet er das Kreuz mit neuen
                            Schlägen,
  Und so bekomm ich ein geweihtes Haupt.

Adriana. Fort, Plaudermaul, hol deinen Herrn zurück!

Dromio v. E. Bin ich so rund mit Euch, als Ihr mit mir,
Daß Ihr mich wie 'nen Fußball schlagt und stoßt?
Hin und zurück nach Lust schlägt mich ein jeder,
Soll das noch lange währ'n, so näht mich erst in Leder.
(Geht ab.)

Luciana. Pfui, wie entstellen dich die zorn'gen Falten!

Adriana. Er wird gewiß sein Liebchen unterhalten,
Indes ich hier mit seinem Lächeln geize.
Nahm schon das Alter aller Anmut Reize
Von meiner Wange? Sein ist dann die Schuld!
Ist stumpf mein Witz, mein Wesen ohne Huld,
Verlernt' ich die gewandte, flücht'ge Rede,

Durch seine Kält' und Rauheit ward sie spröde.
Wenn ihm der andern muntrer Putz gefällt,
Ist's mein Vergehn, was er mir vorenthält?
Was für Ruinen magst du an mir finden,
Die nicht sein Werk? Wenn meine Reize schwinden,
Er will es so; von ihm ein Sonnenblick
Brächt' alle vorige Anmut mir zurück.
Doch er, der wilde Hirsch, rennt aus den Pfählen
(Mich ist er satt), sich auswärts Kost zu stehlen.

L u c i a n a. Selbstqual der Eifersucht! hör auf zu klagen!

A d r i a n a. Ein fühllos Herz mag solche Schmach er-
                            tragen!
Ich weiß, sein Sehnen treibt ihn stets von hier;
Wo weilt er sonst? Was bleibt er nicht bei mir?
Du weißt es, er versprach mir eine Kette —
Ach, wär's nur das, was er vergessen hätte,
So wär' ihm doch mein Bett nicht schon verhaßt!
Ich seh, ein Kleinod, noch so reich gefaßt,
Erblindet. Zwar, den Wert wird's nicht verlieren,
Wenn man's berührt, doch allzuoft Berühren
Raubt ihm den Glanz. So gibt's auch keine Ehre,
Der Trug und Falschheit nicht verderblich wäre —
Und kann ich nicht durch Schönheit um ihn werben,
Will ich, den Rest verweinend, trostlos sterben.

L u c i a n a. O Torheit, so durch Eifersucht verderben!
              (Sie gehen ab.)

ZWEITE SZENE

Ein öffentlicher Platz.

Antipholus von Syrakus tritt auf.

A n t i p h o l u s. Das Gold, das ich dem Dromio gab,
                    liegt sicher
Mir im „Zentauren", und mein treuer Diener
Ist ausgegangen, um mich aufzusuchen.
Nach Zeit und Stund' und meines Wirts Bericht
Konnt' ich mit Dromio nicht gesprochen haben,
Seit ich vom Markt ihn schickte. — Sieh, da kommt er!

(Dromio von Syrakus kommt.)

Nun, Freund? ist dir der Übermut vergangen? —
Nun spaße wieder, wenn du Schläge liebst.
Du kennst den Gasthof nicht? Bekamst kein Gold?
Dich schickt die Frau, zum Essen mich zu rufen?
Ich wohn im „Phönix"? Sag mir, warst du toll,
Daß du mir solche tolle Antwort gabst?

Dromio v. S. Welch eine Antwort, Herr? Wann war
das alles?

Antipholus. Jetzt eben hier, kaum vor 'ner halben
Stunde.

Dromio v. S. Ich sah Euch nicht, seit Ihr das Gold
mir gabt,
Und mich damit heimsandtet zum Zentauren.

Antipholus. Schlingel, du leugnetest des Golds Emp-
fang,
Und sprachst von einer Frau mir und von Mahlzeit;
Doch hoff' ich, fühlst du noch, wie mir's gefiel.

Dromio v. S. Es freut mich, Euch so aufgeräumt zu
sehn.
Was meint Ihr mit dem Scherz? Erzählt mir's, Herr!

Antipholus. Ei, sieh! du höhnst und neckst mich ins
Gesicht?
Denkst du, ich scherze? da! und hier noch eins!
(Schlägt ihn.)

Dromio v. S. Halt, Herr, ich bitt Euch, Euer Spaß
wird Ernst;
Womit verdient' ich dieses Trinkgeld?

Antipholus. Weil ich wohl manchmal in Vertrau-
lichkeit
Als meinen Narr'n dich brauch und mit dir schwatze,
Wird frech dein Scherz, der Freundlichkeit vertrauend,
Und stört durch Marktgeschwätz die ernsten Stunden.
Die muntre Mücke tanz im Strahl der Sonne,
Doch kriech in Ritzen, wenn der Glanz sich birgt.
Eh' du mich neckst, betrachte meinen Blick
Und modle deinen Witz nach meiner Miene,
Sonst schlag ich die Manier in deine Schanze.

Dromio v. S. Schanze nennt Ihr's? Wenn Ihr nur mit
Sturmlaufen aufhören wolltet, möcht' es lieber Kopf

bleiben: und fahrt Ihr noch lange so mit Schlägen
fort, so muß ich mir eine Schanze für meinen Kopf
anschaffen und ihn einschanzen, oder ich werde meinen Witz in meinen Schultern suchen. Aber mit Ver-
gunst, Herr, warum werd ich geschlagen?

Antipholus. Das weißt du nicht?

Dromio v. S. Nichts, Herr, als daß ich geschlagen
                                   werde.

Antipholus. Soll ich dir sagen, warum?

Dromio v. S. Ja, Herr, und wofür; denn wie man
sagt, hat jedes Warum sein Wofür.

Antipholus. Zuerst, warum? fürs Necken; dann, wofür? Weil du's zum zweitenmal mit mir versuchst.

Dromio v. S. So komm ich ohne Recht und Fug zu
                          solchem barschen Gruß,
Denn Eu'r Warum und Eu'r Wofür hat weder Hand
                          noch Fuß.

      Nun gut, ich dank Euch.

Antipholus. Dankst mir, Freund? Wofür?

Dromio v. S. Meiner Treu, Herr, für etwas, daß ich
für nichts bekam.

Antipholus. Ich will's nächstens wieder gutmachen
und dir nichts für etwas geben. Aber sag mir, Freund,
ist es Essenszeit?

Dromio v. S. Nein, Herr, denn unser Fleisch ist
noch nicht, was ich bin.

Antipholus. Und was wäre das?

Dromio v. S. 's ist noch nicht mürbe.

Antipholus. Dann wird's also noch hart und trocken
sein?

Dromio v. S. Ja, und wenn das ist, so bitte ich Euch,
eßt nicht davon.

Antipholus. Dein Grund?

Dromio v. S. Es möchte Euch cholerisch machen, und
Ihr schlügt mich noch einmal.

Antipholus. Siehst du? Lerne zu rechter Zeit spaßen;
jedes Ding hat seine Zeit.

Dromio v. S. Den Satz hätte ich wohl geleugnet, ehe
Ihr so cholerisch wurdet.

Antipholus. Nach welcher Regel?

Dromio v. S. Nun, nach einer Regel, die so klar ist, als die klare kahle Platte des uralten Gottes der Zeit.

Antipholus. Laß hören.

Dromio v. S. Wenn einer von Natur kahl wird, so gibt es keine Zeit für ihn, sein Haar wieder zu bekommen.

Antipholus. Auch nicht durch Prozeß und Restitution?

Dromio v. S. O ja, durch den Prozeß eines Perückenkaufs oder durch die Restauration, die man durch das abgeschnittene Haar eines andern erlangt.

Antipholus. Warum ist doch die Zeit ein solcher Knicker mit dem Haar, das sonst ein so reichlicher Auswuchs ist?

Dromio v. S. Weil's ein Segen ist, mit dem sie das Vieh begabt; was sie dem Menschen an Haar entzieht, das ersetzt sie ihm an Witz.

Antipholus. Und doch hat mancher Mensch mehr Haar als Witz.

Dromio v. S. Kein einziger, der nicht so viel Witz hätte, sein Haar zu verlieren.

Antipholus. Du machtest aber den Schluß, starkbehaarte Menschen seien täppische Gesellen ohne Witz?

Dromio v. S. Je täppischer der Gesell gewesen, desto schneller verliert er's; aber mit dem allen verliert sich's mit einer Art von Lustigkeit.

Antipholus. Aus welchem Grund?

Dromio v. S. Aus zwei Gründen, und gesunden dazu.

Antipholus. Gesunden wohl eigentlich nicht!

Dromio v. S. Oder sichern.

Antipholus. Auch nicht sichern, in einer so mißlichen Sache.

Dromio v. S. Gewissen denn, also.

Antipholus. Und die sind?

Dromio v. S. Der erste, weil er das Geld fürs Haarkräuseln sparen kann; und der zweite, weil ihm beim Essen das Haar nicht in die Suppe fallen wird.

Antipholus. Du wolltest alle die Zeit her beweisen, nicht jedes Ding habe seine Zeit.

Dromio v. S. Nun allerdings, und das tat ich auch;

namentlich, daß es keine Zeit gäbe, Haar wieder zu
bekommen, das von Natur verloren ist.

Antipholus. Aber dein Grund hielt nicht Stich,
warum es keine Zeit gäbe, es wieder zu bekommen.

Dromio v. S. Ich verbessere ihn so: die Zeit selbst ist
kahl, und deshalb wird sie bis ans Ende der Welt
Kahlköpfe in ihrem Gefolge haben.

Antipholus. Ich wußte schon, es würde einen kahlen
Schluß geben. Aber still! Was winkt uns dort? —

(Adriana und Luciana kommen.)

Adriana. Ja, ja, Antipholus! Sieh fremd und finster.
Für eine andre hast du die süße Blicke!
Ich bin nicht Adriana, nicht dein Weib!
Es gab 'ne Zeit, da schwurst du ungefragt:
Kein Wort sei wie Musik in deinem Ohr,
Kein Gegenstand erfreulich deinem Blick,
Kein Fühlen je willkommen deiner Hand,
Kein Mahl von Wohlgeschmack für deinen Gaum',
Wenn *ich* nicht Blick, Wort, Hand und Becher
                              tauschte! —
Wie kommt's denn jetzt, mein Gatte, o wie kommt's,
Daß du so ganz dir selbst entfremdet bist?
Dir selber, sagt' ich; mir ja wirst du fremd,
Mir, die ich unzertrennlich dir vereint
Nichts bin als deines Herzens bester Teil.
Ach, reiße nicht dein Innres von mir los!
Denn wisse, mein Geliebter, leichter träufst du
'nen Tropfen Wasser in die tiefe See,
Und nimmst den Tropfen unvermischt zurück,
Ohn' allen Zusatz oder Minderung,
Als daß du *dich* mir nimmst, und nicht auch *mich!*
Wie müßt' es dich verwunden bis ins Mark,
Vernähmst du je, ich sei nicht treu und rein,
Und dieser Leib, der dir allein geweiht,
Befleckt durch Üppigkeit und schnöde Lust?
Du würdst mich anspein, mich mit Füßen treten,
Den Namen Gattin ins Gesicht mir schleudern,
Die sünd'ge Haut mir reißen von der Stirn,
Den Trauring abhaun von der falschen Hand,
Und ihn zerbrechen mit der Trennung Fluch;

Ich weiß, du kannst; und darum tu es auch! —
Des Ehbruchs Makel trag ich schon an mir,
Mein Blut ist angesteckt von sünd'ger Lust,
Denn sind wir zwei wie eins, und du bist falsch,
So wohnt das Gift in meinen Adern, auch
Von dir berührt, werd ich zur Buhlerin.
Drum halt den Bund! Dem echten Bett sei treu;
Dann leb ich rein und du von Schande frei.
Antipholus. Gilt mir das, schöne Frau? Ich kenn Euch
nicht;
Ich bin zwei Stunden erst in Ephesus,
Und Eurer Stadt so fremd als Eurer Rede;
Denn wie mein Witz die Worte prüf' und wende,
Mir fehlt's an Witz, der nur *ein* Wort verstände.
Luciana. Pfui, Bruder! Kann die Welt sich so ver-
ändern?
Wann spracht Ihr je mit meiner Schwester so?
Sie ließ durch Dromio Euch zum Essen rufen.
Antipholus. Durch Dromio?
Dromio v. S. Durch mich?
Adriana. Durch dich; und diese Antwort brachtst du
mir!
Er habe dich zerzaust, und unter Schlägen
Mein Haus als seins, mich als sein Weib verleugnet.
Antipholus. Sprachst du vorhin mit dieser Dame
schon?
Was wollt ihr? Wohin zielt die Heimlichkeit?
Dromio v. S. Ich, Herr? Ich sah sie nie, bis eben jetzt.
Antipholus. Schurke, du lügst; denn eben diese Worte
Hast du mir richtig auf dem Markt bestellt.
Dromio v. S. Ich sprach in meinem Leben nicht mit ihr!
Antipholus. Wie könnte sie uns dann bei Namen
nennen,
Wenn es durch Offenbarung nicht geschah?
Adriana. Wie schlecht mit deiner Würde sich's verträgt,
Mit deinem Knecht so plump den Gaukler spielen,
Und ihn verhetzen, mir zum Ärgernis!
Von dir getrennt erduld ich schon so viel,
Treib nicht mit meinem Gram ein grausam Spiel!
O laß mich, fest am Ärmel häng ich dir!

Ihr Männer seid der Stamm, die Reben wir,
Die unsre Schwäche so an eure Stärke ranken,
Und euch geteilte Kraft und Hilfe danken.
Ach! wuchernd Unkraut wuchs schon übergroß!
Habsüchter Efeu, Dorn, unnützes Moos,
Das, weil man's nicht vertilgt, mit gift'ger Gärung
Den Saft dir raubt und droht dem Baum Zerstörung.

Antipholus. Bin ich's denn wirklich, den ihr Vor-
                                    wurf schmält?
Ward sie vielleicht im Traum mit mir vermählt?
Hab ich im Schlaf dies alles nur gehört?
Was für ein Wahn hat Aug' und Ohr betört?
Bis ich den sichern Zweifel klar erkannt,
Biet ich dem dargebotnen Trug die Hand.

Luciana. Geh, Dromio, heiß sie decken, mach ge-
                                    schwinde.

Dromio v. S. Nun, beim Sankt Veit, verzeih uns Gott
                                    die Sünde,
Hier walten Feen, der Himmel sei mir gnädig,
Mit Alp und Kauz und Elfengeistern red ich!
Und tun wir ihren Willen nicht genau,
Man saugt uns tot, man kneipt uns braun und blau.

Luciana. Was redst du mit dir selbst und rührst dich
                                    nicht,
Dromio, du Drohne! Schnecke, Tölpel, Wicht!

Dromio v. S. Herr, sagt, bin ich vertauscht, bin ich
                                    noch ich?

Antipholus. Du bist vertauscht, mein Sohn, das bin
                                    auch ich.

Dromio v. S. Zweifelt Ihr noch, daß man mich neu
                                    erschaffe?

Antipholus. Du siehst noch aus wie sonst!

Dromio v. S. Nein, wie ein Affe!

Luciana. Du bist zum Esel worden, glaub mir das.

Dromio v. S. 's ist wahr, sie reiten mich; schon wittr ich
                                    Gras;
Es kann nicht anders sein; 'nen Esel nennt mich,
Sonst müßt' ich sie ja kennen, denn sie kennt mich.

Adriana. Genug, ich will nicht länger wie ein Kind
Die Hand ans Auge tun und töricht weinen,

Indes Gemahl und Diener mich verhöhnt.
Kommt, Herr, zum Essen; Dromio, hüt das Tor;
Wir woll'n heut oben speisen, lieber Mann,
Und tausend Sünden sollst du mir gestehn.
Bursch, wenn dich jemand fragt nach deinem Herrn,
Sag, er sei auswärts; laß mir niemand ein.
Komm, Schwester! Dromio, du behüt die Schwelle! —

Antipholus. Ist dies die Erd'? Ist's Himmel oder
Hölle?
Schlaf oder wach ich? bin ich bei Verstand?
Mir selbst ein Rätsel, bin ich hier bekannt!
Ich mach's wie sie, und dabei will ich bleiben,
Durch Nebel auf dem Meer des Schicksals treiben.

Dromio v. S. Herr, soll ich wirklich Wache stehn am
Tor?

Adriana. Laß niemand ein, sonst schlag ich dich aufs
Ohr.

Luciana. Kommt denn, das Essen geht jetzt allem vor.
(Sie gehen ab.)

DRITTER AKT

ERSTE SZENE

Vor dem Hause des Antipholus.

*Es treten auf Antipholus von Ephesus,
Dromio von Ephesus, Angelo und Balthasar.*

Antipholus v. E. Wérter Herr Angelo, Ihr müßt ent-
schuldigen;
Wenn ich die Zeit versäume, zankt mein Weib.
Sagt, daß ich in der Werkstatt zögerte,
Zu sehn, wie ihr Geschmeide ward gefertigt,
Und daß Ihr's morgen früh uns bringen wollt. —
Denkt nur! der Schelm da schwört mir ins Gesicht,
Ich hätt' ihn auf dem Markt vorhin geprügelt,

Und tausend Mark in Gold von ihm verlangt,
Und daß ich Frau und Haus vor ihm verleugnet! —
Du Trunkenbold, was dachtst du dir dabei?
Dromio v. E. Sagt, Herr, was Euch gefällt; ich weiß
                              doch, was ich weiß,
Von Eurer Marktbegrüßung trag ich noch den Beweis;
Wär' Pergament mein Rücken und Tinte jeder Schlag,
So hätt' ich Eure Handschrift, so gut man's wünschen
                                        mag.
Antipholus v. E. Hör, Kerl, du bist ein Esel.
Dromio v. E. Ich habe nichts dagegen;
Vollauf hatt' ich zu tragen, an Schimpf sowie an
                                  Schlägen.
Hätt' ich nur mit den Hufen Euch tüchtig eins ver-
                                  setzt,
So hätt' Euch wohl der Esel mehr in Respekt gesetzt.
Antipholus v. E. Seid nicht so ernst, Herr Balthasar!
                          Ich wünsche nur, das Essen
Möge mit meinem Willkomm und Freundesgruß sich
                                  messen.
Balthasar. Oh, über Eure Freundlichkeit kann ich das
                                  Mahl vergessen.
Antipholus v. E. O nein, die Freundschaft reicht nicht
                    aus, die schafft nicht Fleisch noch Fisch;
Ein ganzes Haus von Willkomm füllt nicht den klein-
                                  sten Tisch.
Balthasar. Gut Essen ist gemein, Herr, das kauft man
                                  allerorten!
Antipholus v. E. Und Willkomm viel gemeiner, denn
                          der besteht aus Worten.
Balthasar. Hauskost und rechter Willkomm, so dünkt
                          mich, ist's am besten.
Antipholus v. E. So gönn ich's geiz'gen Wirten und
                          magenschwachen Gästen.
Doch gibt's Gerichte wenige, nehmt heut vorlieb im
                                  stillen,
Ihr trefft wohl beßre Küche, doch nimmer bessern
                                  Willen. —
Wie nun, das Tor verriegelt? — Geh, rufe, wir sind da.
Dromio v. E. Brigitte, Lucie, Rosine, Cäcilie, Barbara!

Dromio v. S. *(drinnen)*.
Tropf, Esel, Rindvieh, Karr'ngaul, was treibst du für
Gespuke?
Gleich pack dich von der Tür, setz dich auf die Keller-
luke!
Was für 'nen Schwarm von Dirnen rufst du zusammen
hier,
Da *eine* schon zuviel ist? Fort, pack dich von der Tür! —
Dromio v. E. Welcher Lümmel ist hier Pförtner? Gleich
wird der Herr dich schelten!
Dromio v. S. Geh er hin, wo er herkam, sonst möcht er
sich erkälten!
Antipholus v. E. Wer spricht denn so da drinnen?
Heda! Mach auf die Tür!
Dromio v. S. Recht, Herr! Ich sag Euch *wann,* wenn Ihr
mir sagt, *wofür!*
Antipholus v. E. Wofür? Nun, um zu essen; ich will
in den Speisesaal!
Dromio v. S. Der bleibt Euch heut verschlossen; ver-
sucht's ein andermal!
Antipholus v. E. Wer bist du, frecher Schlingel, der
mir mein Haus verbietet?
Dromio v. S. Euch aufzuwarten: Dromio, der heut die
Pforte hütet.
Dromio v. E. Was, Kerl, an meinen Namen und an
mein Amt dich wagen,
Die mir noch nie Kredit, nur Prügel stets getragen?
Ach, hättst du doch die Maske heut morgen schon
geborgt,
Du hättst dich mit 'nem Namen und 'nem Eselskopf
versorgt.
Lucie *(drinnen)*.
Was für ein Lärmen, Dromio? Sag, wer da draußen
steht?
Dromio v. E. Lucie, laß ein den Herrn!
Lucie. Ei was, er kommt zu spät,
Das sag du deinem Herrn nur.
Dromio v. E. Was muß uns hier begegnen!
Es heißt ja doch im Sprichwort: „Woll unsern Eingang
segnen!" —

Lucie. Kennst du wohl auch das andre: „Zu Pfingsten
auf dem Eise?"

Dromio v. S. Heißest du Lucie? Lucie, so war die Antwort weise.

Antipholus v. E. Nun, machst du Anstalt, Schätzchen?
du läßt uns, hoff ich, ein?

Lucie. Ich wollt' Euch eben fragen.

Dromio v. S. Und Eu'r Bescheid war: nein.

Dromio v. E. Nur zu, wir helfen Euch pochen; so recht,
schlagt immer drein.

Antipholus v. E. Du Weibsstück, laß mich hinein
doch!

Lucie. Ja, wenn ich wüßte, warum?

Dromio v. E. Klopft tüchtig an die Pforte!

Lucie. Ei, klopft sie schief und krumm.

Antipholus v. E. Schlag ich erst die Türe ein, so sollst
du heulen, Drache!

Lucie. Viel kürzer, daß Ihr krumm liegt heut abend auf
der Wache.

Adriana *(drinnen).*
Wer lärmt denn so da draußen; ich denke, die Welt
geht unter!

Dromio v. S. Die Straßenbuben, Ihr Gnaden, sind heut
besonders munter.

Antipholus v. E. Wie, Weib, bist du da drinnen? Was
kamst du nicht schon lange?

Adriana. Dein Weib? Verwünschter Schurke! Lauf, daß
man dich nicht fange!

Dromio v. E. Kommt Ihr mit Not hinein, wird's um
den Schurken ihr bange.

Angelo. Hier gibt's nicht Mahl noch Willkomm; wir
rechneten doch auf eins!

Balthasar. Wir stritten, was das Beste sei, und nun bekommen wir keins!

Dromio v. E. Find't Ihr Gefallen an solchem Spaß?
Wenn Ihr mich fragt, ich wein's.

Antipholus v. E. Hier weht der Wind zu scharf, wir
müssen woanders essen.

Dromio v. E. So spräch't Ihr, Herr, mit Recht, hättet
Ihr den Mantel vergessen.

Wir stehn hier draußen und frieren, und drinnen
dampft der Braten!
Das nenn ich seinen eignen Herrn verkaufen und ver-
raten!
Antipholus v. E. Geh einer und hol ein Werkzeug
zum Brechen mir herbei?
Dromio v. S. Ja, brecht nur, was Ihr könnt, ich brech
Euch den Hals entzwei!
Dromio v. E. Das brecht Ihr wohl vom Zaun! Mag's
biegen oder brechen,
Ich brech 'ne Lanze mit Euch, das will ich Euch ver-
sprechen.
Dromio v. S. Ihr liebt das Brechen, merk ich! Bleibt nur
da drauß', ihr Frechen!
Antipholus v. E. Ich käme lieber hinein, das Draußen
hab ich satt.
Dromio v. S. Wenn erst der Bock keinen Bart, der
Baum keine Blätter hat!
Antipholus v. E. Wir müssen die Türe sprengen; ist
hier kein Baum zur Hand?
Dromio v. E. Oho! nun sollst du dich wundern! der
Baum ohne Blatt sich fand;
Der wird uns tapfer beistehn, trotz allen deinen Possen;
Und was den Bock betrifft, den hast du selbst ge-
schossen.
Antipholus v. E. Geh, mach dich auf, schaff mir 'nen
Hebebaum!
Balthasar. O nicht doch, Herr, gebt der Geduld noch
Raum!
Ihr strittet gegen Euern guten Ruf,
Und zöget selbst in des Verdachts Bereich
Die unbescholtne Ehre Eurer Frau.
Bedenkt nur, ihre lang erprobte Tugend,
Ihr klug Benehmen, reife Sittsamkeit
Verbürgt, hier sei ein Grund, den Ihr nicht kennt;
Und zweifelt nicht, rechtfert'gen wird sie sich,
Warum die Tür Euch heut verschlossen blieb.
Folgt meinem Rate: Räumen wir das Feld,
Und laßt im „Tiger" uns zu Mittag essen;
Und gegen Abend geht allein nach Haus,

Den Grund so seltner Weigerung zu erfahren.
Wenn Ihr Euch anschickt, jetzt Gewalt zu brauchen,
Am hellen Tag, wo alles kommt und geht,
So wird der Handel gleich zum Stadtgespräch;
Des Volks gemeine Lästerung ersinnt
(Nicht achtend Euer nie verletztes Ansehn),
Was allzu leicht sich schnöden Eingang schafft,
Und selbst auf Eurem Grabe noch verweilt;
Denn die Verleumdung, wie ein Erbvermächtnis,
Bleibt stets dem Haus und schändet sein Gedächtnis.

Antipholus v. E. Ich geb Euch nach; ich will mich
                      ruhig halten,
Und — geht's auch nicht von Herzen — lustig sein.
Ich kenn ein Mädchen, witzig im Gespräch,
Hübsch und gescheit, wild und gefällig doch;
Dort woll'n wir speisen. Dieses Mädchens halb
Hat meine Frau — doch wahrlich ohne Grund —
Schon manchmal eifersüchtig mich geschmält;
Bei dieser laßt uns speisen. (Zu Angelo.) Geht nach
                      Haus
Und holt die Kette; fertig wird sie sein;
Die bringt mir dann ins „Stachelschwein", ich bitt Euch,
So heißt das Haus; die goldne Kette schenk ich,
Und wär's auch nur, um meine Frau zu ärgern,
An unsre Wirtin. Eilt Euch, lieber Herr;
Da mir die eigne Pforte hier verschlossen bleibt,
So klopf ich an, wo man uns nicht, wie hier, vertreibt.

Angelo. Ein Stündchen noch vergönnt, und ich bin Euer.

Antipholus v. E. Habt Dank. — Doch kommt der
                      Spaß mir etwas teuer!
        (Sie gehen ab.)

ZWEITE SZENE

Daselbst.

Es treten auf Luciana und Antipholus von Syrakus.

Luciana. Vergaßest du in wenig Augenblicken
Des Gatten Pflicht? Und soll durch Mißverstand

Der Liebe Blüt' im Liebeslenz ersticken?
  Der Bau zerfallen, der so schon erstand?
Hast du die Schwester um ihr Gold gefreit,
  So heuchle ihr, dem Gold zuliebe, Feuer;
Und glühst du sonstwo, tu's in Heimlichkeit;
  Dein falsches Lieben hüll in dunkle Schleier.
Die Schwester lese nicht in deinen Blicken,
  Noch laß den Mund die eigne Schmach verkünden.
Daß Huld und Anmut deine Untreu schmücken,
  Kleid als der Tugend Boten schnöde Sünden.
Verstellung berg ihr deines Lasters Flecken,
  Und leihe dir der Heiligen Betragen;
Sei heimlich falsch; was mußt du's ihr entdecken?
  Wird töricht wohl ein Dieb sich selbst verklagen?
Willst du sie zwiefach kränken, Unbeständ'ger,
  An ihrem Tisch gestehn des Betts Verrat?
Schmach hat noch Scheinruhm, übt sie ein Ver-
                                  ständ'ger,
  Und böses Wort verdoppelt böse Tat! —
Wir armen Fraun! gönnt uns doch nur den Glauben,
  (Wir sind ja ganz Vertraun!) daß ihr uns huldigt;
Den Handschuh laßt, wollt ihr die Hand uns rauben;
  Ihr wißt, wie gern ein liebend Herz entschuldigt.
Drum, lieber Bruder, geht zu ihr hinein,
  Liebkos't der Schwester, sprecht ihr freundlich zu;
's ist heil'ger Trug, ein wenig falsch zu sein,
  Bringt süßes Schmeichelwort den Geist zur Ruh'.
Antipholus v. S. Holdselig' Kind, dein Name ist mir
                                  unbekannt,
  Noch ahn ich, wer dir meinen je genannt;
Du scheinst des Himmels Heiligen verwandt
  An Gnad' und Reiz, an Schönheit und Verstand.
Lehr mich, Geliebte, prüfen, denken, sprechen,
  Entfalte meinen irdisch groben Sinnen,
Wie mag ich, wahnumstrickt, betört von Schwächen,
  Den Inhalt deines dunkeln Worts gewinnen?
Was strebst du, meine Seele zu entraffen,
  Und lockst sie in ein unbekannt Gefild?
Bist du ein Gott? Willst du mich neu erschaffen?
  Verwandle mich, dir folg ich, schönes Bild!

Doch, bin ich noch ich selbst, so zweifle nicht,
  Nie war die eifersücht'ge Schwester mein,
Nie weiht' ich ihrem Bette Schwur und Pflicht,
  Viel mehr, viel mehr ist meine Seele dein.
Laß ab, Sirene, mich mit süßen Liedern
  In deiner Schwester Tränenflut zu locken;
Singst du für dich, wird trunkne Lieb' erwidern.
  Breit auf die Silberflut die goldnen Locken,
So holdem Lager will ich mich vertraun,
  Und in der Täuschung des Entzückens wähnen,
Der triumphiert, der so den Tod mag schaun;
  So sink' und sterbe Lieb' in sel'gem Sehnen!

Luciana. Wie sprecht Ihr fremd und allem Sinn ent-
                rückt!
Antipholus v. S. Fremd nur für jene, doch von
                dir entzückt!
Luciana. Die Sünd' entspringt in Euerm Aug' allein.
Antipholus v. S. Blind schaute sich's an deiner Sonne
                Schein.
Luciana. Schaut wo Ihr sollt, das macht die Augen
                klar!
Antipholus v. S. Nacht sehn und blind sein, Lieb', ist
                gleich, fürwahr!
Luciana. Ich Euer Lieb? Das muß die Schwester sein!
Antipholus v. S. Der Schwester Schwester!
Luciana. Meine Schwester?
Antipholus v. S. Nein!
Du bist es selbst, des Herzens bester Teil,
Aug' meines Aug's, der Seele Seelenheil,
Des Lebens Inhalt, Hoffnung, Glück und Wonne,
Mein irdisch Heil und meines Himmels Sonne!
Luciana. Das sollt' Euch alles meine Schwester sein.
Antipholus v. S. Dich nenne Schwester, denn ich bin
                nur dein;
Dir weih ich Lieb' und Leben, nimm mich an;
Ich habe noch kein Weib, du keinen Mann;
Gib mir die Hand!
Luciana. Ich bitt Euch, seid nur still;
Ich muß erst sehn, ob auch die Schwester will. *(Ab.)*
      (Dromio von Syrakus kommt.)

Antipholus v. S. Heda, was gibt's, Dromio? Wohin rennst du so eilig?

Dromio v. S. Kennt Ihr mich, Herr? bin ich Dromio? bin ich Euer Diener? bin ich Ich?

Antipholus v. S. Du bist Dromio, du bist mein Diener, du bist du.

Dromio v. S. Ich bin ein Esel, ich bin eines Weibes Diener, ich bin außer mir.

Antipholus v. S. Welches Weibes Diener? und warum außer dir?

Dromio v. S. Außer mir, mein' Seel! denn ich gehöre einem Weibe an; einer, die mich in Anspruch nimmt, die mir nachläuft, die mich haben will!

Antipholus v. S. Wie nimmt sie dich in Anspruch?

Dromio v. S. Nun, mein' Seel', wie Ihr Euer Pferd in Anspruch nehmt, wie eine Bestie will sie mich haben; ich meine nicht, als ob ich eine Bestie wäre und sie mich haben wollte, sondern daß sie, als eine recht bestialische Kreatur, mich in Anspruch nimmt.

Antipholus v. S. Wer ist sie?

Dromio v. S. Ein sehr respektables Korpus; so eine, von der man nicht reden kann, ohne hinzuzusetzen: „Mit Respekt zu melden." Ich mache nur ein magres Glück bei der Partie, und doch ist's eine erstaunlich fette Heirat.

Antipholus v. S. Wie meinst du das, eine fette Heirat?

Dromio v. S. Mein' Seel', Herr, sie ist das Küchen-mensch, und lauter Schmalz; ich wüßte nicht, wozu sie zu brauchen wäre, als eine Lampe aus ihr zu machen und bei ihrem eignen Licht vor ihr davonzulaufen. Ich wette, ihre Lumpen und der Talg darin brennen einen polnischen Winter durch; wenn sie bis zum Jüngsten Tag lebt, so brennt sie eine Woche länger als die ganze Welt.

Antipholus v. S. Von welcher Farbe ist sie?

Dromio v. S. Schwarz wie meine Schuhe, aber ihr Ge-sicht ist lange nicht so rein; denn, warum? sie schwitzt, daß man bis über die Schuh in den Schlamm zu waten käme.

Antipholus v. S. Das ist ein Fehler, dem Wasser abgeholfen wird.

Dromio v. S. Nein, Herr, es ist zu echt; Noahs Flut würde nicht hinreichen.

Antipholus v. S. Wie ist ihr Name?

Dromio v. S. Nelle, Herr; aber ihr Name und dreiviertel, das heißt 'ne Elle und dreiviertel reichen nicht aus, sie von Hüfte zu Hüfte zu messen.

Antipholus v. S. Sie ist also ziemlich breit?

Dromio v. S. Nicht länger von Kopf zu Fuß, als von Hüfte zur Hüfte. Sie ist kugelig wie ein Globus; ich wollte Länder auf ihr entdecken.

Antipholus v. S. Welcher Teil ihres Körpers ist Irland?

Dromio v. S. Das Hinterteil; ich hab's an den Morästen erkannt.

Antipholus v. S. Auf welchem Teile ihres Körpers liegt Schottland?

Dromio v. S. Das fand ich aus an seiner Unfruchtbarkeit; recht auf der Fläche der Hand.

Antipholus v. S. Wo Frankreich?

Dromio v. S. Auf ihrer Stirn, bewaffnet und rebellisch und im Krieg gegen das Haupt.

Antipholus v. S. Wo England?

Dromio v. S. Ich suchte nach den Kalkfelsen, aber ich konnte nichts Weißes an ihr entdecken; doch denk ich, es liegt auf ihrem Kinn, wegen der salzigen Feuchtigkeit, die zwischen ihm und Frankreich fließt.

Antipholus v. S. Wo Spanien?

Dromio v. S. Wahrhaftig, das sah ich nicht, aber ich spürte es heiß in ihrem Atem.

Antipholus v. S. Wo Amerika? die beiden Indien?

Dromio v. S. O Herr, auf ihrer Nase, die über und über mit Rubinen, Saphiren und Karfunkeln staffiert ist und ihren reichen Glanz nach dem heißen Atem Spaniens wendet, welches ganze Armadas* von Galeeren mit Ballast für ihre Nase bringt.

Antipholus v. S. Wo liegen Belgien und die Niederlande?

* Anspielung auf die spanische Armada, die 1588 gegen England auszog und durch einen Seesturm vernichtet wurde.

Dromio v. S. O Herr, so tief habe ich nicht nachge-
sucht. Kurz, diese Drude, dieser Alp legte Beschlag auf
mich, nannte mich Dromio, schwur, ich habe mich ihr
verlobt, erzählte mir, was für geheime Zeichen ich an
mir trage, als den Fleck auf meiner Schulter, das Mal
an meinem Halse, die große Warze an meinem linken
Arm, so daß ich vor Schrecken davonlief wie vor einer
Hexe; und wahrhaftig, wäre nicht mein Herz aus
Glauben geschmiedet und meine Brust von Stahl,
sie hätte mich in einen Küchenhund verwandelt und den
Bratspieß drehen lassen.

Antipholus v. S. Nun mach dich auf und lauf zum
                             Hafen schnell,
Und bläst vom Ufer irgend nur der Wind,
Weil ich in dieser Stadt nicht über Nacht.
Geht heut ein Schiff noch ab, so komm zum Markt,
Da will ich dich erwarten, bis du heimkehrst.
Wo jedermann uns kennt und wir nicht einen,
Wär's Zeit wohl einzupacken, sollt' ich meinen.

Dromio v. S. Und wie der Wandrer vor dem Bären
Lauf ich vor der, die meine Frau sich nennt.   [rennt,
(Er geht ab.)

Antipholus v. S. Von lauter Hexen wird der Ort
                             bewohnt,
Drum ist es hohe Zeit davonzugehn.
Die hier Gemahl mich nannte, schafft mir Graun
Als Frau zu denken; doch die schöne Schwester,
Begabt mit so viel holdem, mächt'gem Reiz,
So süßem Zauber in Gespräch und Umgang,
Macht fast mich zum Verräter an mir selbst.
Doch, daß mich nicht verlocken diese Töne,
Schließ ich mein Ohr der lieblichen Sirene.
                (Angelo tritt auf.)

Angelo. Mein Herr Antipholus —

Antipholus v. S. Das ist mein Name!

Angelo. Nun ja, das weiß ich, Herr. Hier ist die Kette;
Ich dacht' im „Stachelschwein" Euch anzutreffen,
Die Kette war nicht fertig, darum säumt' ich.

Antipholus v. S. Was wollt Ihr, daß ich mit der
                             Kette tu?

Angelo. Was Euch gefällt! Ich machte sie für Euch.

Antipholus v. S. Für mich, mein Herr? Ich hab sie
           nicht bestellt!

Angelo. Nicht einmal oder zwei, wohl zwanzigmal!
 Geht heim damit und bringt sie Eurer Frau,
 Und nach dem Abendessen sprech ich vor
 Und hole mir das Geld für meine Kette.

Antipholus v. S. Ich bitt Euch, Herr, empfangt das
           Geld sogleich,
 Sonst möcht' Euch Kett' und Geld verlorengehn.

Angelo. Ihr seid recht aufgeräumt; gehabt Euch wohl!
 (*Er geht ab.*)

Antipholus v. S. Ich weiß nicht, was ich davon den-
           ken soll;
 Doch denk ich dies: es wird sich niemand grämen,
 So reiches Kleinod zum Geschenk zu nehmen;
 Auch seh ich, leicht muß hier sich's leben lassen,
 Wo man das Gold verschenkt auf allen Gassen.
 Nun auf den Markt, auf Dromio wart ich dort,
 Und segelt heut ein Schiff, dann nichts wie fort!
 (*Er geht ab.*)

VIERTER AKT

ERSTE SZENE

Straße.

Ein Kaufmann,
Angelo und ein Gerichtsdiener treten auf.

Kaufmann. Ihr wißt, daß Ihr's zu Pfingsten zugesagt,
 Und seit der Zeit hab ich nicht nachgefragt,
 Und tät's auch jetzt nicht, müßt' ich nicht durchaus
 Nach Persien reisen und bedürfte Geld.
 Drum leistet gegenwärtig Zahlung mir,
 Sonst nehm ich Euch in Haft durch diesen Häscher.

Angelo. Genau die Summe, die ich Euch verschrieb,
Soll ich erhalten vom Antipholus;
Und eben jetzt, da Ihr mich traft, erhielt er
Von mir 'ne goldne Kette, deren Preis
Ich nachmittags um fünf erheben soll.
Gefiel's Euch, mitzugehn bis an sein Haus,
Zahlt' ich die Schuld und meinen Dank dazu.
      (Antipholus von Ephesus
und Dromio von Ephesus kommen.)
Gerichtsdiener. Die Mühe könnt ihr sparen, seht, er
                  kommt.
Antipholus v. E. Derweil ich geh zum Goldschmied,
                  geh du hin
Und kauf mir einen Strick zum Angebinde
Für meine Frau und ihre Helfershelfer,
Weil sie mich aus dem Hause heut gesperrt;
Doch halt! da ist der Goldschmied. Mach dich fort,
Kauf mir den Strick und bring mir nach Haus.
Dromio v. E. Ich kauf 'ne Rente von tausend Pfund!
Ich kauf 'nen Strick — *(Er geht ab.)*
Antipholus v. E. Der hat sich gut gebettet, der Euch
                  traut!
Auf Euch und Eure Kette macht' ich Rechnung,
Doch Kette nicht noch Goldschmied sind gekommen.
Gelt, unsre Freundschaft schien Euch allzu fest,
Wenn wir sie ketteten? Drum kamt Ihr nicht!
Angelo. Den muntern Scherz beiseit; hier ist die Note,
Wieviel sie wiegt, aufs äußerste Karat,
Des Goldes Feinheit und der Arbeit Kunst,
Dies, auf und ab, macht drei Dukaten mehr,
Als ich zu zahlen hab an diesen Herrn.
Ich bitt Euch, daß Ihr ihn sogleich befriedigt,
Er muß zur See und wartet nur darauf.
Antipholus v. E. Ich habe so viel bares Geld nicht bei
                  mir
Und bin auch sonst noch in der Stadt beschäftigt.
Hört, Lieber, führt den Fremden in mein Haus,
Tragt meiner Frau die Kette hin und sagt ihr,
Daß sie dagegen Euch die Summe zahle;
Vielleicht auch bin ich dort so früh als Ihr.

Angelo. Ihr wollt ihr also selbst die Kette bringen?

Antipholus v. E. Nein, nehmt sie mit, ich könnte mich
verspäten.

Angelo. Ganz wohl, mein Herr, habt Ihr die Kette bei
Euch?

Antipholus v. E. Hab ich sie nicht, so werdet Ihr sie
haben,
Sonst mögt Ihr ohne Geld nach Hause gehn.

Angelo. Nein, jetzt in allem Ernst, Herr, gebt die Kette,
Denn Wind und Wetter dienen diesem Herrn,
Und leider hielt ich schon zu lang ihn auf.

Antipholus v. E. Der Scherz, mein Gönner, meint Ihr,
soll entschuld'gen,
Daß Ihr im „Stachelschwein" nicht Wort gehalten?
Ich sollte schelten, daß Ihr uns verfehlt,
Doch wie ein zänkisch Weib schmollt *Ihr* zuerst.

Kaufmann. Die Zeit verstreicht, ich bitt Euch, macht
ein Ende.

Angelo. Ihr hört, wie er mir lästig wird; die Kette ...

Antipholus v. E. Ei, gebt sie meiner Frau und holt
Eu'r Geld.

Angelo. Ihr wißt, daß ich sie eben jetzt Euch gab!
Drum schickt die Kette oder sonst ein Zeichen.

Antipholus v. E. Pfui doch! das heißt den Spaß zu
Tode jagen!
Wo ist die Kette? Ich bitt' Euch, zeigt sie her.

Kaufmann. Ich hab nicht Zeit für Eure Tändelei.
Sagt, Herr, wollt Ihr mir zahlen oder nicht?
Wo nicht, so überliefr' ich ihn dem Häscher.

Antipholus v. E. Euch zahlen? Sagt, was hätt' ich
Euch zu zahlen.

Angelo. Das Geld, das Ihr mir schuldet für die Kette.

Antipholus v. E. Ich schuld Euch keins, bis ich empfing die Kette.

Angelo. Ich gab sie Euch vor einer halben Stunde!

Antipholus v. E. Ihr gabt mir nichts! Ihr kränkt
mich, dies zu sagen!

Angelo. Mich kränkt viel mehr noch, Herr, daß Ihr
mir's leugnet;
Bedenkt, wie mein Kredit darauf beruht!

Kaufmann. Nun, Häscher, nimm ihn fest auf meine
Klage.
Gerichtsdiener. Gut; in des Herzogs Namen! folgt
mir nach.
Angelo. Dies geht an meine Ehr' und guten Ruf;
Entweder willigt ein und zahlt die Summe,
Sonst setz ich Euch in Haft durch diesen Häscher.
Antipholus v. E. Für etwas zahlen, das ich nie emp-
fing?
Laß mich verhaften, Tropf, wenn du es wagst.
Angelo. Hier die Gebühren, Häscher, nehmt ihn fest.
Nicht meines Bruders schont' ich in dem Fall,
Macht' er mich ehrlos so auf offnem Markt.
Gerichtsdiener. Ich nehm Euch fest, mein Herr, Ihr
hört die Klage!
Antipholus v. E. Ich folge, bis ich Bürgschaft dir
gestellt;
Doch Ihr, mein Freund, büßt mir den Spaß so teuer,
Daß all' Eu'r Gold im Laden nicht genügt.
Angelo. O Herr, ich finde Recht in Ephesus,
Zu Euerm höchsten Schimpf, des zweifelt nicht!
(Dromio von Syrakus kommt vom Hafen.)
Dromio v. S. Herr, 's ist ein Schiff aus Epidamnus da,
Das nur noch wartet, bis der Reeder kommt,
Und dann die Anker lichtet. Unsre Fracht
Hab ich an Bord gebracht und eingekauft
Das Öl, den Balsam und den Aquavit.
Das Schiff ist segelfertig, lust'ger Wind
Bläst frisch vom Ufer, und sie warten nur
Auf ihren Reeder, Herr, und auf uns beide.
Antipholus v. E. Was, ein Verrückter noch? du dum-
mes Schaf,
Welch Schiff von Epidamnus wartet mein?
Dromio v. S. Das Schiff, das Ihr zur Überfahrt bestellt!
Antipholus v. E. Du Trunkenbold! Ich hab 'nen
Strick bestellt!
Ich sagte dir's, zu welchem Zweck und Ende!
Dromio v. S. Ihr hättet um ein Ende Strick geschickt?
Ihr schicktet mich zum Hafen um ein Schiff!
Antipholus v. E. Darüber sprechen wir zu beßrer Zeit

Und lehren deine Ohren besser hören.
Zu Adriana, Schlingel, lauf in Eil,
Bring ihr den Schlüssel; sag ihr, in dem Pult,
Das mit dem türk'schen Teppich zugedeckt,
Sei eine Börse Gold, die laß dir geben;
Sag ihr, ich sei verhaftet auf der Straße,
Und dies mein Lösegeld. Nun eil dich, Bursch! —
Jetzt ins Gefängnis, Häscher, bis er kommt.
             (Alle gehen ab, außer Dromio.)
Dromio v. S. Zu Adriana? Das ist, wo wir speisten;
    Wo Amaryllis mich zum Mann verlangt?
    Sie ist zu dick für mein Umarmen, hoff ich!
    Doch muß ich hin, obschon sehr wider Willen;
    Ein Diener soll des Herrn Gebot erfüllen. *(Er geht ab.)*

ZWEITE SZENE

Zimmer.

Adriana und Luciana treten auf.

Adriana. So stürmisch, Schwester, drang er auf dich
                                            ein?
    War dir sein Aug' ein feierlicher Deuter?
    Warb er in vollem Ernst? Ja oder Nein?
        Rot oder blaß? trübsinnig oder heiter?
    Sind dir im Kampf der Leidenschaft erschienen
    Des Herzens Meteor' auf seinen Mienen?
Luciana. Er sprach zuerst, dir bind' ihn keine Pflicht.
Adriana. Weil er sie nie erfüllt; o Bösewicht!
Luciana. Er schwur, hier sei er Fremdling ganz und
                                            gar.
Adriana. Da schwur er recht, obgleich es Meineid war.
Luciana. Für dich dann sprach ich . . .
Adriana. Und was sagt' er dir?
Luciana. Was ich ihn bat für dich, fleht' er von mir.
Adriana. Mit was für Künsten wollt' er dich verführen?
Luciana. War's treu gemeint, so konnt' er fast mich
                                            rühren;
    Die Schönheit rühmt' er, dann der Rede Huld.

Adriana. Sprachst du so huldreich?

Luciana. Bitte dich, Geduld!

Adriana. Die hab ich nicht! Ich will den Zorn nicht
   Der Zunge mindstens laß ich ihren Willen.   [stillen!
   Er ist unförmlich, widrig, krumm und alt,
   Wüst von Gesicht, von Körper mißgestalt't,
   Verderbt, unfreundlich, fern von aller Güte,
   Ruchlos im Tun und mehr noch im Gemüte.

Luciana. Kann Eifersucht um solchen Mann uns plagen?
   Wenn er entfloh, ich würd' es nicht beklagen.

Adriana. Ach, Liebste! dennoch dünkt er mir der Beste!
   Sähn ihn die andern nur mit scheelem Blick!
   Der Kiebitz schreit nur, wenn er fern vom Neste,
   Schmäht gleich mein Mund, mein Herz erfleht ihm
                          Glück.

(Dromio von Syrakus kommt.)

Dromio v. S. Heda! das Pult! den Beutel! Sucht, ge-
                          schwinde!

Luciana. So atemlos?

Dromio v. S. Ich lief ja gleich dem Winde.

Adriana. Wo ist dein Herr? Sprich, er ist doch gesund?

Dromio v. S. O nein! er steckt im tiefsten Höllen-
                         schlund.
   Ihn packt ein Gnom, des Wams nicht zu verwüsten,
   Des hartes Herz in Eisen eingeknöpft,
   Ein Elf, ein Kobold, ohne Trost und Rührung,
   Ein Wolf, ein Kerl in lederner Montierung,
   Ein Spion, ein Schulterklopfer, ein Feind, der an den
                      Mauern,
   In Gäßchen, Winkeln, Schluchten und Buchten pflegt
                      zu lauern,
   Ein Spürhund, der die Quere läuft und kommt doch
                      von der Stelle,
   Und vor dem Jüngsten Tage die Seelen führt zur Hölle.

Adriana. Nun, Mensch, was gibt's?

Dromio v. S. Was es gegeben, weiß ich nicht; genug,
                      er ist in Haft.

Adriana. In Haft? Wer hat ihm das nur angetan?

Dromio v. S. Ich weiß nicht, wer's ihm angetan, daß er
                      jetzt sitzt im Block,

Doch weiß ich, war der angetan in einem Büffelrock.
Wollt Ihr als Lösung senden den Beutel dort im Pult?

Adriana. Geh, hol ihn, Schwester.

(Luciana geht.)

Daß er vor mir verborgne Schulden hat!
Sprich, war's vielleicht wohl einer Bürgschaft Band?

Dromio v. S. Es war kein Band, es hielt ihn wohl noch
                                    stärker;
'ne goldne Kette bracht' ihn in den Kerker. —
Hört Ihr sie klingen?

Adriana. Was! die goldne Kette?

Dromio v. S. Nicht doch! Die Glocke mein ich! Wie
                            könnt Ihr nur mich plagen?
Zwei war es, da ich ging, nun hat's schon eins ge-
                                    schlagen.

Adriana. Gehn jetzt die Stunden rückwärts? Ei, hört
                                mir doch den Gecken!

Dromio v. S. Ja, wenn die Stunde Häscher sieht, so
                            kehrt sie um vor Schrecken.

Adriana. Als ob die Zeit verschuldet wär'! Wie das
                                nun ganz verkehrt!

Dromio v. S. Zeit ist bankrott und schuldet mehr dem
                                Zufall als sie wert.
Dann ist die Zeit ein Dieb auch; habt auf den Spruch
                                nur acht:
Die Zeit stiehlt sich von dannen, bei Tage wie bei
                                    Nacht!
Wenn sie nun stiehlt und Schulden hat, und ein Häscher
                                sie fangen mag,
Hat sie nicht recht zurückzugehn *eine* Stunde jeden
                                    Tag?

(Luciana kommt zurück.)

Adriana. Hier, Dromio, ist das Gold; gleich trag es hin
Und kehrt zurück, sobald ihr könnt, ihr beiden.
Tausend Gedanken kreuzen mir den Sinn,
Gedanken, bald zum Trost mir, bald zum Leiden.

(Sie gehn ab.)

DRITTE SZENE

Straße.

Antipholus von Syrakus.

Antipholus v. S. Kein Mensch begegnet mir, der mich
nicht grüßt,
Als sei ich ihm ein längst bekannter Freund,
Und jedermann nennt mich bei meinem Namen,
Der bietet Gold mir an, der lädt mich ein,
Der dankt mir für erzeigte Höflichkeit,
Der schlägt mir vor, ihm Waren abzukaufen.
Erst eben rief ein Schneider mich ins Haus
Und zeigte Stoffe, die er mir gekauft,
Und nahm zugleich das Maß mir ohne weiteres.
Gewiß, Trugbilder sind's der Phantasie,
Und Lapplands Hexenmeister wohnen hier.

(Dromio von Syrakus kommt.)

Dromio v. S. Herr, hier ist das Gold, das ich Euch holen
sollte. Nun, wo habt Ihr denn das Bild des alten Adam
im neuen Rocke gelassen?

Antipholus v. S. Was für Gold ist dies? Welchen
Adam meinst du?

Dromio v. S. Nicht den Adam, der das Paradies hütete,
sondern den Adam, der das Gefängnis hüt't; den, der
mit dem Fell des Kalbes angetan ist, das für den verlornen Sohn geschlachtet ward; den, der hinter Euch
herkam, Herr, wie ein böser Engel, und Euch Eurer
Freiheit entsagen hieß.

Antipholus v. S. Ich verstehe dich nicht.

Dromio v. S. Nicht? die Sache ist doch klar? Ich meine
den, der wie eine Baßgeige in seinem ledernen Futteral
geht; den Kerl, Herr, der, wenn einer müde wird, ihn
auf die Schulter klopft und ihn zum Sitzen nötigt; der
sich über die Wildfänge erbarmt und sie zu gesetzten
Leuten macht; den ein Gläubiger aussendet, um die
Verleugner einzufangen —

Antipholus v. S. Was? du meinst einen Häscher?

Dromio v. S. Ja, Herr, den schriftgelehrtesten aller
Häscher, denn er weiß immer genau, ob sich einer ver-

schrieben hat, und seine Hauptgeschicklichkeit besteht
im bündigen Schließen.

Antipholus v. S. Nun, Freund, komm auch mit deinen
Possen zum Schluß. Geht heut abend noch ein Schiff
ab? Kommen wir fort?

Dromio v. S. Ei, Herr, ich brachte Euch schon vor einer
Stunde den Bescheid, daß die Jacht „Geschwindigkeit"
heut abend in See stäche; da hielt der Häscher Euch
auf, und Ihr mußtet erst das Boot „Aufschub" abwar-
ten. Hier sind die Engel, nach denen Ihr schicktet, die
Euch befreien sollen.

Antipholus v. S. Der Bursch' ist ganz verwirrt, das
                     bin ich auch;
Wir wandern unter Trug und Blendwerk hier;
Ein guter Geist entführ' uns bald von hinnen!

          (Eine Kurtisane tritt auf.)

Kurtisane. Willkomm', willkommen, Herr Antipholus!
Ich seh, Ihr habt den Goldschmied jetzt gefunden;
Ist das die Kette, die Ihr mir verspracht?

Antipholus v. S. Satan zurück! Führ mich nicht in
                     Versuchung!

Dromio v. S. Herr, ist dies Mädchen der Satan?

Antipholus v. S. Es ist der Teufel.

Dromio v. S. Nein, sie ist noch was Schlimmres, sie ist
des Teufels Gemahlin; und hier kommt sie und scheint
ins Feld wie eine leichte Schöne oder eine schöne
Leuchte. Denn wenn die leichten Dirnen sagen „Gott
verdamme mich", so heißt das eigentlich soviel als
„Gott laß mich eine Leuchte werden", denn es steht
geschrieben: Sie scheinen den Menschen wie leuchtende
Engel. Alle Leuchten aber sind feurig, und Feuer
brennt, *ergo*, wenn sie zu den Leichten gehören, verbrennt man sich an ihnen, darum kommt ihr nur nicht
zu nah.

Kurtisane. Eu'r Bursch' und Ihr seid heut sehr aufge-
                     geräumt.
Kommt mit, wir essen noch zu Nacht ein wenig.

Dromio v. S. Herr, wenn's Suppe gibt, so seht Euch
nach einem langen Löffel um!

Antipholus v. S. Warum, Dromio?

Dromio v. S. Nun, mein' Seel', der braucht einen lan-
    gen Löffel, der mit dem Teufel ißt.
Antipholus v. S. Fort, böser Geist! Was sagst du mir
                            von Essen?
    Du bist 'ne Hexe, wie ihr alle seid;
    Ins Himmels Namen — laß von mir und geh!
Kurtisane. Gebt mir den Ring, den Ihr bei Tisch mir
    Oder vertauscht die Kette für den Demant,   [nahmt,
    Dann geh ich fort und fall Euch nicht zur Last.
Dromio v. S. Sonst fordern Teufel wohl ein Stückchen
                         Nagel,
    Ein Haar, 'nen Strohhalm, Tropfen Blut, 'ne Nadel,
    'ne Nuß, 'nen Kirschkern, aber die ist geiz'ger,
    Die will 'ne Kette.
    Nehmt Euch in acht; wenn Ihr die Kette gebt,
    So klirrt der Teufel und erschreckt uns, Herr.
Kurtisane. Ich bitt Euch, gebt den Ring, wo nicht die
                         Kette;
    Das wär' zuviel, erst Raub und dann noch Hohn!
Antipholus v. S. Hebe dich weg, du Kobold! Fort,
                    Dromio, fort, mein Sohn!
Dromio v. S. Laß ab vom Stolz, so schreit der Pfau;
            nicht wahr, das wißt Ihr schon?
    (Antipholus und Dromio gehen ab.)
Kurtisane. Nun, ganz gewiß, Antipholus ist toll,
    Sonst würd' er so verrückt sich nicht gebärden.
    Er nahm 'nen Ring, vierzig Dukaten wert,
    Und dafür bot er mir 'ne goldne Kette;
    Doch beides will er jetzt vor mir verleugnen.
    Woraus ich schon den Wahnsinn erst erriet
    (Auch ohne seine jetz'ge Raserei),
    War tolles Zeug, das er bei Tisch erzählte,
    Wie man die eigne Tür vor ihm verschlossen.
    Ich denke wohl, die Frau kennt diese Schauer,
    Und schloß mit Fleiß das Tor ihm, als er kam.
    Am besten wär's, gleich ging ich in sein Haus
    Und sagte seiner Frau, wie er im Fieber
    Zu mir hineindrang und mir mit Gewalt
    Den Ring entwandt, das wird das Klügste sein.
    Vierzig Dukaten büßt man ungern ein. *(Sie geht ab.)*

VIERTE SZENE

Daselbst.

Antipholus von Ephesus und der Schließer treten auf.

Antipholus v. E. Sei unbesorgt, mein Freund, ich
　　　　　　　flüchte nicht,
　Ich schaff dir, eh' ich geh, die ganze Summe,
　Und kaufe so mich los von dem Verhaft.
　Mein Weib ist heut in wunderlicher Laune,
　Und glaubt gewiß dem Boten nicht so leicht,
　Daß ich gefangen sei in Ephesus;
　Ich weiß, sie wird dem eignen Ohr nicht traun!
　　(Dromio von Ephesus kommt mit einem Strick.)
　Hier kommt mein Bursch, ich denk er hat das Geld.
　Nun, Freund, bringst du mir mit, wonach ich
　　　　　　　schickte?
Dromio v. E. Hier hab ich bare Zahlung für sie alle.
Antipholus v. E. Allein, wo ist das Geld?
Dromio v. E. Ei, Herr, das Geld bezahlt' ich für den
　　　　　　　Strick.
Antipholus v. E. Fünfhundert Stück Dukaten für 'nen
　　　　　　　Strick?
Dromio v. E. Wenn Ihr's verlangt, ich schaff Euch noch
　　　　　　　fünfhundert.
Antipholus v. E. Zu welchem Ende schickt' ich dich
　　　　　　　nach Haus?
Dromio v. E. Zu des Stricks Ende, Herr, und zu dem
　Ende bin ich wieder da.
Antipholus v. E. Und zu dem Ende, Herr, nehmt
　diesen Willkomm. *(Er schlägt Dromio.)*
Schließer. Lieber Herr, seid geduldig!
Dromio v. E. Nein, an *mir* ist's, geduldig zu sein; ich
　bin in Trübsal.
Schließer. Mein Sohn, halt dein Maul.
Dromio v. E. Nein, verlangt lieber, daß er seine Hände
　halte.
Antipholus v. E. Du nichtsnutziger, fühlloser Schlingel.
Dromio v. E. Ich wollt', ich wäre fühllos, Herr, so
　täten mir Eure Schläge nichts.

Antipholus v. E. Du hast nur Gefühl für Schläge wie
ein Esel.

Dromio v. E. Jawohl, ein Esel; so lang werdet Ihr mir
die Ohren noch ziehen. Ich habe ihm von der Stunde
meiner Geburt an bis auf diesen Augenblick gedient,
und habe nie etwas davon gehabt als Schläge. Wenn
mich friert, so heizt er mir ein mit Schlägen; wenn ich
heiß bin, so kühlt er mich ab mit Schlägen; ich werde
damit geweckt, wenn ich schlafe, auf die Beine gebracht, wenn ich sitze, aus der Tür gejagt, wenn ich
ausgehe, bewillkommt, wenn ich nach Haus komme;
ja wahrhaftig, ich trage sie auf der Schulter, wie die
Bettlerin ihren Balg, und ich denke, wenn er mich erst
lahm geprügelt hat, werde ich von Tür zu Tür damit
betteln gehn.

(Adriana, Luciana, die Kurtisane, Zwick der Schul-
meister und Bediente kommen.)

Antipholus v. E. So folgt mir nur, denn dort kommt meine
Frau.

Dromio v. E. Frau — *respice finem;* gedenkt ans Ende,
oder vielmehr, wie der Prophet spricht und der Papagei
sagt: Hütet Euch vor des Stricks Ende.

Antipholus v. E. Wann wirst du schweigen, Kerl?
(Schlägt ihn.)

Kurtisane. Was sagt Ihr nun? Nicht wahr, Eu'r Mann
ist toll?

Adriana. Nach seinem rauhen Wesen glaub ich's fast.
Herr Doktor Zwick, Ihr seid ja ein Beschwörer,
Ich bitt Euch, bringt ihn wieder zu Verstand,
Ich will Euch zahlen, was Ihr nur begehrt.

Luciana. O Himmel! wie er wild und grimmig blickt!

Kurtisane. Seht, wie er zittert; recht wie ein Beseßner!

Zwick. Gebt mir die Hand, laßt mich den Puls Euch
fühlen!

Antipholus v. E. Da ist die Hand, laßt Euer Ohr
mich fühlen!

Zwick. Du Satan, der in diesem Manne wohnt,
Gib dich gefangen meinem frommen Spruch
Und kehr zurück ins Reich der Finsternis!
Bei allen Heiligen beschwör ich dich!

Antipholus v. E. Blödsinn'ger Fasler, schweig! ich
                                        bin nicht toll.
Adriana. Ach, wärst du's nicht, du arme kranke Seele!
Antipholus v. E. Sag, Schätzchen, sag! sind das die
                                        werten Freunde?
     Die safrangelbe Fratze, schmauste sie
     Und zecht' an meinem Tische heut bei dir,
     Indes sich mir die sünd'ge Pforte schloß,
     Und mir das eigne Haus verweigert ward?
Adriana. Gott weiß, zu Haus ja speistest du, mein
                                        Teurer,
     Und wärst du doch bis jetzt bei mir geblieben,
     Frei von dem Schimpf und von der Stadt Gerede!
Antipholus v. E. Zu Haus gespeist? Du, Schurke, rede
                                        du!
Dromio v. E. Herr, gradheraus, Ihr speistet nicht zu
                                        Haus.
Antipholus v. E. War nicht die Türe zu? ich ausge-
                                        sperrt?
Dromio v. E. Mein Seel', die Tür war zu, Ihr ausge-
                                        sperrt.
Antipholus v. E. Und hat sie selbst nicht schimpflich
                                        mir begegnet?
Dromio v. E. Wahrhaftig, schimpflich hat sie Euch
                                        begegnet.
Antipholus v. E. Schalt, höhnt' und zankte nicht die
                                        Küchenmagd?
Dromio v. E. Weiß Gott, das Küchenfräulein zankt'
                                        Euch aus.
Antipholus v. E. Und ging ich nicht in größter Wut
                                        von dannen?
Dromio v. E. Ja, das ist wahr; mein Rücken kann's
                                        bezeugen;
     Er trägt die Spuren Eurer kräft'gen Wut.
Adriana. Ist's gut, ihm in dem Unsinn recht zu geben?
Zwick. Nicht übel; nein! der Bursch merkt, wo's ihm
                                        fehlt,
     Stets sagt er ja, und fügt sich seinem Rasen.
Antipholus v. E. Dem Goldschmied gabst du's an,
                                        mich zu verhaften!

A d r i a n a. O Gott, ich schickte Geld, dich zu befrein,
  Durch Dromio hier, der eilig deshalb kam.
D r o m i o v. E. Was? Geld durch mich? Vielleicht wohl
                                        in Gedanken;
  Doch Geld, mein' Seel', empfing ich keinen Heller.
A n t i p h o l u s v. E. Gingst du nicht hin, die Börse Gold
                                        zu holen?
A d r i a n a. Er kam zu mir, ich gab sie ihm sogleich.
L u c i a n a. Und ich bin Zeuge, daß er sie bekam.
D r o m i o v. E. Gott und der Seiler können mir's be-
                                        zeugen;
  Ich ward nur ausgeschickt nach einem Strick!
Z w i c k. Frau! Herr und Diener, beide sind besessen,
  Ich seh's an ihrem bleichen, stieren Blick.
  Man bind' und führ' sie in ein dunkles Loch.
A n t i p h o l u s v. E. Sprich! warum hast *du* heut mich
                                        ausgesperrt?
  (Zu Dromio.) Und weshalb leugnest *du* den Beutel
                                        Gold?
A d r i a n a. Mein teurer Mann, ich sperrte dich nicht aus!
D r o m i o v. E. Und ich, mein teurer Herr, empfing kein
                                        Gold!
  Doch das bekenn ich, Herr, man sperrt' uns aus.
A d r i a n a. Du heuchlerischer Schuft, das lügst du beides!
A n t i p h o l u s v. E. Du freche Heuchlerin, du lügst in
                                        allem
  Und bist verschworen mit verruchtem Volk,
  Ehrlosen Spott und Schimpf mir anzutun!
  Ausreißen will ich dir die falschen Augen,
  Die ihre Lust an meiner Schande sehn!
A d r i a n a. Oh, bind't ihn, bind't ihn! Laßt ihn nicht
                                        heran!
Z w i c k. Mehr Leute her! der Feind ist stark in ihm!
L u c i a n a. Ach, armer Mann! wie krank und bleich er
                                        sieht!
*(Mehrere Diener kommen und binden Antipholus v. E.
                und Dromio v. E.)*
A n t i p h o l u s v. E. Wollt ihr mich morden? Schließer;
                                        dir gehör ich
  Als dein Gefang'ner! Leid'st du, daß sie mich

Von hier entführen?
S c h l i e ß e r. Leute, laßt ihn gehn;
    's ist mein Gefangner, ihr bekommt ihn nicht.
Z w i c k. Bindet mir *den*, denn der ist auch verrückt.
A d r i a n a. Was willst du tun, du unverständ'ger
                       Schließer?
    Macht dir's Vergnügen, wenn ein armer Kranker
    Sich selber in Verdruß und Unglück bringt?
S c h l i e ß e r. 's ist mein Gefangner; ließ ich ihn jetzt los,
    So müßt' ich Bürge sein für seine Schuld.
A d r i a n a. Die will ich tilgen, eh' ich von dir geh.
    Bring mich von hier zu seinem Gläubiger,
    Und weiß ich nur der Schuld Belauf, so zahl ich.
    Mein werter Doktor, schafft in Sicherheit
    Ihn in mein Haus. — O unglücksel'ger Tag!
A n t i p h o l u s v. E. O unglücksel'ges, freches Weib!
D r o m i o v. E. Herr, Eurethalben bin ich in Banden hier.
A n t i p h o l u s v. E. Zum Teufel, Kerl! Willst du mich
                    rasend machen?
D r o m i o v. E. Wollt Ihr für nichts gebunden sein? So
                   rast doch
    Und flucht bei Höll' und Teufel, lieber Herr!
L u c i a n a. Gott helf' euch Armen! Was für Zeug sie
                  faseln!
A d r i a n a. Geht, bringt sie fort; du Schwester, komm
                 mit mir.
    (Zwick, Antipholus, Dromio und Bediente ab.)
    Nun sprich! Auf wessen Klag' ist er verhaftet?
S c h l i e ß e r. Des Goldschmieds Angelo; kennt Ihr ihn
                 nicht?
A d r i a n a. Ich kenn ihn. Welche Summ' ist er ihm
                 schuldig?
S c h l i e ß e r. Zweihundert Stück Dukaten.
A d r i a n a. Und wofür?
S c h l i e ß e r. Für eine Kette, die Eu'r Mann empfing.
A d r i a n a. Die hatt' er mir bestellt, doch nicht erhalten.
K u r t i s a n e. Nun seht, als Euer Mann, ganz wütig, heut
    Zu mir ins Haus lief und den Ring mir nahm,
    (Ich sah den Ring noch jetzt an seiner Hand)
    Gleich drauf begegnet' ich ihm mit der Kette.

Adriana. Das kann wohl sein, allein ich sah sie nicht.
Kommt, Schließer, zeigt mir, wo der Goldschmied
wohnt,
Genau erführ' ich gern, wie sich's verhält.

(Antipholus von Syrakus kommt mit gezogenem Degen;
ihm folgt Dromio von Syrakus.)

Luciana. Gott sei uns gnädig, sie sind wieder los!

Adriana. Und gar mit bloßem Degen! ruf nach Hilfe,
Daß man sie wieder binde!

Schließer. Lauft, lauft, sie stechen uns tot!

(Sie entfliehen eilig.)

Antipholus v. S. Ich seh, die Hexen fürchten blanke
Degen!

Dromio v. S. Die Eure Frau will sein, lief nun vor
Euch!

Antipholus v. S. Komm zum „Zentauren"; schaff die
Sachen weg!
Und wären wir doch sicher erst an Bord!

Dromio v. S. Wahrhaftig, Ihr solltet die Nacht noch
hierbleiben, sie werden uns nichts antun. Ihr seht, sie
geben uns noch gute Worte und bringen uns Gold;
mich dünkt, es ist eine so liebe Nation, daß, wäre nicht
jener Berg von tollem Fleisch, der mich zur Ehe verlangt, ich könnte es übers Herz bringen, immer hierzu-
bleiben und unter die Herren zu gehn.

Antipholus v. S. Nicht um die ganze Stadt bleib ich
die Nacht;
Drum fort, und schaff die Sachen schnell an Bord.

(Sie gehn ab.)

FÜNFTER AKT

Vor einem Kloster.

Der Kaufmann und Angelo treten auf.

Angelo. Es tut mir leid, daß ich Euch aufgehalten,
Doch auf mein Ehrenwort, die Kett' empfing er,
Obgleich er mir's recht schändlich abgeleugnet.
Kaufmann. Was hat der Mann für Ruf an diesem
Ort?
Angelo. Den besten, Herr; von unbescholtnem Leu-
mund;
Unendlich sein Kredit; er selbst beliebt
Und gilt als erster Bürger dieser Stadt.
Ein Wort von ihm wiegt mehr als all mein Gut.
Kaufmann. Sprecht leise, denn mich dünkt, ich seh
ihn kommen.
**(Antipholus von Syrakus und Dromio von Syrakus
kommen.)**
Angelo. Er ist's und trägt dieselbe Kett' am Hals,
Die er vorhin so unerhört verschwur.
Kommt näher, lieber Herr, ich red ihn an!
Signor Antipholus, mich wundert sehr,
Daß Ihr den Schimpf mir und die Unruh' macht
Und (nicht ohn' ein'gen Makel für Euch selbst)
Umständlich und auf Euren Eid verleugnet
Die Kette, die Ihr jetzt so offen tragt.
Denn, abgesehn von Klage, Schimpf und Haft,
Bringt Ihr in Schaden meinen würd'gen Freund,
Der, hätt' ihn unser Streit nicht aufgehalten,
Auf seinem Schiff jetzt unter Segel wär'.
Von mir habt Ihr die Kette; könnt Ihr's leugnen?
Antipholus v. S. Mich dünkt, von Euch, noch hab
ich's nie geleugnet.
Kaufmann. O ja, Ihr tatet's, Herr, und schwurt sogar!
Antipholus v. S. Wer hörte mich das leugnen und
verschwören?

Kaufmann. Mit diesen Ohren, weißt du, hört' ich's selbst,

Schäm dich, Elender! daß du lebst und wandelst,
Wo Männer dir von Ehre je begegnen!

Antipholus v. S. Du bist ein Schurke, klagst du so mich an;

Ich will dir meine Ehr' und Redlichkeit
Sogleich beweisen, wagst du's mir zu stehn.

Kaufmann. Ich wag's und ford're dich als einen Schurken.

(Sie ziehen.)
(Adriana, Luciana, die Kurtisane und Diener kommen.)

Adriana. Halt! tut ihm nichts! Um Gott, er ist verrückt!

Führt ihn von hier, nehmt ihm den Degen weg!
Auch Dromio bindet! bringt sie in mein Haus!

Dromio v. S. Lauft, Herr, um Gottes willen! Sucht ein Haus;

Hier ist ein Kloster; fort! sonst fängt man uns.
(Antipholus und Dromio flüchten in die Abtei.)
(Die Äbtissin tritt auf.)

Äbtissin. Seid ruhig, Leute; welch Gedräng' ist hier?

Adriane. Ich will zu meinem armen tollen Mann;

Laßt uns hinein, damit wir fest ihn binden
Und führen ihn nach Haus, daß er genese.

Angelo. Ich dacht' es gleich, er sei nicht recht bei Sinnen!

Kaufmann. Nun tut's mir leid, daß ich den Degen zog.

Äbtissin. Seit wann befiel der Wahnsinn diesen Mann?

Adriana. Die letzte Woche war er trüb und still

Und finster, ganz ein andrer Mann wie sonst;
Doch erst heut nachmittag ist seine Krankheit
Zu diesem höchsten Grad von Wut gesteigert.

Äbtissin. Verlor er große Güter auf der See?

Begrub er einen Freund? hat wohl sein Auge
Sein Herz betört zu unerlaubter Liebe?
Der Sünde sind viel junge Männer schuldig,
Die ihrem Blick zu große Freiheit lassen.
An welcher dieser Sorgen liegt er krank?

Adriana. An keiner, wenn es nicht die letzte ist.
  Ein Liebchen wohl hat ihm sein Haus verleidet.
Äbtissin. Das hättet Ihr ihm dann verweisen sollen.
Adriana. Das tat ich auch.
Äbtissin. Doch wohl nicht scharf genug.
Adriana. So scharf als mir's Bescheidenheit erlaubte.
Äbtissin. Vielleicht geheim nur?
Adriana. In Gesellschaft auch.
Äbtissin. Ja, doch nicht oft genug!
Adriana. Es war der Inhalt jeglichen Gesprächs.
  Im Bette schlief er nicht vor meinem Mahnen,
  Am Tische aß er nicht vor meinem Mahnen;
  Allein wählt' ich's zum Text für meine Rede,
  Und in Gesellschaft spielt' ich darauf an,
  Stets sagt' ich ihm, es sei gemein und schändlich.
Äbtissin. Und deshalb fiel der Mann in Wahnsinn
                                          endlich.
  Das gift'ge Schrein der eifersücht'gen Frau
  Wirkt tödlicher als tollen Hundes Zahn.
  Es scheint, dein Zanken hindert ihn am Schlaf,
  Und daher kam's, daß ihm der Sinn verdüstert.
  Du sagst, sein Mahl ward ihm durch Schmähn ver-
                                          würzt;
  Unruhig Essen gibt ein schlecht' Verdaun,
  Daher entstand des Fiebers heiße Glut.
  Und was ist Fieber als ein Wahnsinnschauer?
  Du sagst, dein Toben störte seine Lust;
  Wo süß Erholen mangelt, was kann folgen,
  Als trübe Schwermut und Melancholie,
  Der grimmigen Verzweiflung nah verwandt?
  Und hintendrein zahllos ein sicher Schwarm
  Von bleichen Übeln und des Lebens Mördern?
  Das Mahl, den Scherz, den süßen Schlummer wehren,
  Verwirrt den Geist und muß den Sinn zerstören.
  Und hieraus folgt: durch deine Eifersucht
  Ward dein Gemahl von Tollheit heimgesucht.
Luciana. Wenn sie ihn schalt, so war es mild und
                                          freundlich,
  Doch er erwies sich heftig, rauh und feindlich.
  Hörst du den Tadel ruhig an und schweigst?

A d r i a n a. Sie weckt mir des Gewissens eigne Stimme!
Jetzt, Freunde, geht hinein, legt Hand an ihn!
Ä b t i s s i n. Nein, keine Seele darf mein Haus betreten.
A d r i a n a. So schickt durch Diener meinen Mann her-
aus.
Ä b t i s s i n. Er suchte Schutz in diesem Heiligtum,
Und schirmen soll es ihn vor Euern Händen,
Bis ich ihn wieder zur Vernunft gebracht,
Wenn nicht vergeblich alle Mühe bleibt.
A d r i a n a. Ich pflege meinen Mann und steh ihm bei
Als Krankenwärterin, das ist mein Amt!
Und keinen Anwalt duld ich als mich selbst,
Und deshalb soll er mir nach Hause folgen.
Ä b t i s s i n. Gib dich zur Ruh', denn ich entlaß ihn nicht,
Bis ich versucht die oft erprobten Mittel,
Heilkräft'gen Balsam, Tränke, fromm Gebet,
Zur Manneswürd' ihn wieder herzustellen.
Es ist ein Tun, das mein Gelübde heischt,
Ein Liebeswerk, das meines Ordens Pflicht.
Drum geh nur heim und laß ihn hier zurück.
A d r i a n a. Ich will nicht fort und meinen Mann Euch
lassen,
Und wenig ziemt sich's Eurer Heiligkeit,
Den Gatten so von seiner Frau zu trennen.
Ä b t i s s i n. Sei still und geh von hier, ich geb ihn nicht.
(Sie geht ab.)
L u c i a n a. Dem Herzog klage, wie man hier dich
kränkt!
A d r i a n a. Komm mit, ich will mich ihm zu Füßen
werfen
Und nicht aufstehn, bis ich mit Flehn und Tränen
Ihn rühre, daß er selber komme
Und der Äbtissin meinen Mann entreiße.
K a u f m a n n. Der Zeiger, denk ich, weist jetzt grad auf
fünf;
Und sicher kommt der Fürst alsbald hieher,
Den Weg zu jenem melanchol'schen Tal,
Dem Platz des Tods und ernsten Hochgerichts,
Der hinter dieses Klosters Gräben liegt.
A n g e l o. Und weshalb kommt er?

Kaufmann. Um einen würd'gen Syrakuser Kaufmann,
   Der wider dieser Stadt Gesetz und Recht
   Zu seinem Unglück in den Hafen lief,
   Vor allem Volk enthaupten hier zu sehn.
Angelo. O still, sie kommen; schaun wir seinen Tod.
Luciana. Knie vor dem Herzog, eh' er weitergeht!
*(Der Herzog tritt auf; ihm folgen Ägeon mit bloßem
   Haupte, der Scharfrichter und Gerichtsdiener.)*
Herzog. Noch einmal macht es öffentlich bekannt:
   Wenn hier ein Freund die Summe zahlen will,
   So sterb er nicht; mehr können wir nicht tun.
Adriana. Gerechtigkeit,
   Erhabener Herzog! Gegen die Äbtissin —
Herzog. Sie ist 'ne würd'ge, tugendhafte Dame,
   Unmöglich hat sie je dein Recht gekränkt.
Adriana. Erlaubt, o Herr, Antipholus, mein Gatte,
   Gebieter über mich und all mein Gut
   (Nach Eurem Brief und Siegel), ward heut krank
   (O Tag des Wehs!) an höchst unbänd'gem Wahnsinn,
   So, daß er rasend durch die Straßen lief,
   Mit ihm sein Diener, wie er selbst verrückt,
   Und viele Bürger dieser Stadt verletzte,
   In ihre Häuser dringend, Gold und Ringe,
   Und was nur seiner Wut gefiel, sich raubend.
   Schon einmal sandt' ich ihn gebunden heim,
   Und ging umher, den Schaden zu vergüten,
   Den hier und dort sein Wahnsinn angerichtet.
   Drauf — Gott mag wissen, wer ihm half zur Flucht —
   Entsprang er denen, die ihn hüteten.
   Die beiden nun, er und sein toller Knecht,
   Im stärksten Anfall und mit bloßem Schwert
   Begegnen uns aufs neu; wir müssen weichen
   Vor ihrer Tobsucht, bis wir Hilfe finden,
   Sie abermals zu fesseln; hierauf fliehn sie
   In dieses Kloster, und wir folgen nach.
   Und nun schließt die Äbtissin uns die Pforte
   Und will uns nicht gestatten, ihn zu holen,
   Noch selbst ihn senden, um ihn heimzuschaffen.
   Deshalb, o edler Herzog, gib Befehl,
   Ihn auszuliefern, daß ihm Hilfe werde.

Herzog. Schon lange diente mir dein Mann im Krieg,
  Und ich versprach dir auf mein fürstlich Wort,
  Als du zu deines Bettes Herrn ihn wähltest,
  Ihm alle Huld und Liebe zu erweisen.
  Geh wer von euch, klopf an das Klostertor
  Und ruf die Frau Äbtissin zu mir her;
  Ich will die Sach' entscheiden, eh' ich gehe.
        (Ein Diener kommt.)
Diener. Ach, gnäd'ge Frau, eilt fort und rettet Euch!
  Denn Herr und Knecht sind wieder losgebrochen;
  Die Mägde alle nach der Reih' geprügelt,
  Der Doktor festgebunden, und sein Bart
  Mit Feuerbränden schmählich abgesengt.
  Sooft er flammte, gossen sie aus Eimern
  Schlammwasser drüber hin, das Haar zu löschen.
  Jetzt predigt ihm mein Herr Geduld, indes
  Der Bursch wie einem Narr'n den Kopf ihm schert;
  Und wahrlich, schickt Ihr Hilfe nicht sogleich,
  Die beiden bringen Euch den Zaubrer um.
Adriana. Schweig, Narr, dein Herr sowie sein Bursch
                                sind hier,
  Und alles ist erlogen, was du sprichst.
Diener. Bei meinem Leben, Frau, ich rede wahr!
  Ich habe kaum geatmet, seit ich's sah!
  Er ruft nach Euch und schwört, wenn er Euch greift,
  Er seng' Euch das Gesicht und zeichn' es schlimm.
        (Lärm hinter der Szene.)
  Horcht! horcht! ich hör ihn, Frau; entflieht nur
                                schnell!
Herzog. Kommt her, seid furchtlos; stellt euch, Helle-
                                barden!
Adriana. O Gott! es ist mein Mann! Ihr alle zeugt,
  Er ist unsichtbar durch die Luft geführt!
  Noch eben hielt das Kloster ihn verwahrt,
  Nun ist er hier und kein Verstand begreift's.
*(Antipholus von Ephesus, Dromio von Ephesus und Dr.
Zwick in dem oben beschriebenen Zustande treten auf.)*
Antipholus v. E. Gerechtigkeit,
  Mein gnäd'ger Herzog, o Gerechtigkeit!
  Um jenen Dienst, den ich dir vormals tat,

Als in der Schlacht ich über dich mich stellte
Und tiefe Wunden deinethalb empfing.
Des Blutes halb, das ich für dich vergoß,
Gewähre jetzo mir Gerechtigkeit!
Ägeon. Wenn Todesfurcht mich nicht betört, sind dies
Mein Sohn Antipholus und Dromio!
Antipholus v. E. Gerechtigkeit,
Mein teurer Fürst, hier gegen dieses Weib,
Die du mir selbst gegeben hast zur Frau,
Sie hat mir Schmach erzeigt und Spott und Haß
Bis zu der Kränkung höchstem Übermaß!
Ja, allen Glauben übersteigt der Schimpf,
Den sie mir heut so schamlos angetan!
Herzog. Entdeck ihn mir, du sollst gerecht mich fin-
den.
Antipholus v. E. Heut, großer Fürst, schloß sie das
Haus mir zu,
Indes sie mit Gesindel drinnen schmauste.
Herzog. Ein schwer Vergehn! Frau, hast du das getan?
Adriana. Nein, edler Herr! Ich, er und meine Schwe-
ster,
Wir aßen heut zusammen; ich will sterben,
Wenn das nicht falsch ist, wes er mich beschuldigt.
Luciana. Nie will ich sehn den Tag, noch ruhn die
Nacht,
Sagt sie Euch schlichte Wahrheit nicht, mein Fürst.
Angelo. O falsche Weiber! beide schwören Meineid,
Denn hierin klagt der Tolle ganz mit Recht.
Antipholus v. E. Mein Fürst, ich weiß genau, was
ich Euch sage,
Nicht bin ich durch des Weines Glut verstört,
Noch wild im Kopf, durch heft'gen Zorn gereizt,
Obgleich so großer Schimpf auch Weisere betörte.
Dies Weib da schloß mich aus vom Mittagsmahl.
Der Goldschmied, ständ' er nicht mit ihr im Bund,
Könnt' es bezeugen, denn er war dabei
Und ging dann, eine Kette mir zu holen,
Die er versprach ins „Stachelschwein" zu bringen,
Wo Balthasar und ich zusammen aßen.
Als wir gespeist und er nicht wiederkam,

Sucht' ich ihn auf; ich traf ihn auf der Straße
Und in Gesellschaft jenes andern Herrn.
Hier schwur der tück'sche Goldschmied hoch und
                                              teuer,
Daß ich indes die Kette schon empfangen,
Die ich, Gott weiß! noch nie gesehn. Deshalb
Ließ er durch einen Häscher mich verhaften.
Ich schwieg und sandte meinen Burschen heim
Nach barem Geld; allein er brachte nichts.
Drauf redet' ich dem Häscher freundlich zu,
Mich selber zu begleiten in mein Haus.
Da traf ich unterwegs
Mein Weib, die Schwester und ein ganzes Pack
Von mitverschwornem Volk! mit diesem da,
Dem Meister Zwick (er prügelt ihn), ein blasser Hun-
                                              gerleider,
  Ein wahres Beingeripp, ein Scharlatan,
  Ein Taschenspieler, schäb'ger Glücksprophet,
  Hohläug'ger Schlucker mit gespenst'gem Blick
  Wie ein lebendig Toter!
Zwick. Apage, Satanas!
Herzog. Laßt ihn!
Antipholus v. E. Dieser Unhold,
  Ei denkt doch! spielte den Beschwörer,
  Sah mir ins Auge, fühlte mir den Puls,
  Rief geisterbleich, ich sei von Geistern selbst
  Und bösem Spuk besessen. Darauf fiel
  Der Schwarm mich an, band mich und riß mich fort,
  Und in ein finstres, dumpfes Loch des Hauses
  Warf man uns beide, mich und ihn, gebunden,
  Bis ich, das Band zernagend mit den Zähnen,
  In Freiheit kam und augenblicks hierher
  Zu Eurer Hoheit lief. Nun fleh ich Euch,
  Mir völlige Vergeltung zu gewähren
  Für diese Kränkung und unwürd'ge Schmach.
Angelo. Mein Fürst, fürwahr, soweit bezeug ich's ihm,
  Er speiste nicht zu Hause, man sperrt' ihn aus.
Herzog. Doch, gabst du ihm die Kette oder nicht?
Angelo. Ich gab sie ihm; und als er hier hineinlief,
  (er deutet auf die Abtei)

Sahn alle noch die Kette an seinem Hals.

Kaufmann. Zudem versichr' ich: hier mit eignen
                                        Ohren
    Hört' ich Euch eingestehn der Kett' Empfang,
    Nachdem Ihr's auf dem Markt erst abgeleugnet,
    Und deshalb zog ich gegen Euch den Degen.
    Darauf verbargt Ihr Euch in der Abtei,
    Aus der Ihr, scheint mir's, durch ein Wunder kamt.

Antipholus v. E. Niemals betrat ich diesen Kloster-
                                        hof,
    Noch zogst du je den Degen gegen mich.
    Die Kette sah ich nie, so helf mir Gott,
    Und falsch ist alles, des Ihr mich beschuldigt!

Zwick. Er ist des Teufels, Herr, ich kann's bezeugen!

Antipholus v. E. Ich schlag dich tot, wirst du nicht
                                        endlich schweigen!

Herzog. Ei, was ist dies für ein verwirrter Handel!
    Ich glaub, ihr alle trankt aus Circes Becher!
    Verschloßt ihr ihn im Kloster, wär' er drin;
    Wär' er verrückt, er spräche nicht so klar;
    Ihr sagt, er aß daheim; der Goldschmied hier
    Spricht dem entgegen; — Bursche, was sagst du?

Dromio v. E. Mein Fürst, er aß mit der im „Stachel-
                                        schwein".

Kurtisane. Er tat's und riß vom Finger mir den
                                        Ring.

Antipholus v. E. 's ist wahr, mein Fürst, ich hab den
                                        Ring von ihr.

Herzog. Sahst du's mit an, wie er ins Kloster ging?

Kurtisane. Ja, Herr, so wahr ich Eure Hoheit sehe.

Herzog. Nun, das ist seltsam! Ruft mir die Äbtissin;
    Ihr alle seid verwirrt, wo nicht verrückt.
    (Einer von des Herzogs Gefolge geht in die Abtei.)

Ägeon. Erhabener Herzog, gönnt mir jetzt ein Wort.
    Ich fand zum Glück den Freund, der mich erlöst,
    Und zahlt die Summe, die mir Freiheit schafft.

Herzog. Sprich offen, Syrakuser, was du willst.

Ägeon. Herr, ist Eu'r Name nicht Antipholus?
    Heißt dieser Sklav', an Euern Dienst gebunden,
    Nicht Dromio?

Dromio v. E. Ja gewiß, ich war gebunden;
   Allein Gott Lob! er biß das Band entzwei;
   Nun bin ich Dromio, sein entbundner Diener.
Ägeon. Ich weiß, ihr beid' erinnert euch noch mein!
Dromio v. E. An uns sind wir durch Euch erinnert,
                            Herr,
   Denn jüngst noch waren wir gleich Euch gebunden.
   Hat Zwick Euch in der Kur? Ich will nicht hoffen.
Ägeon. Was tut Ihr denn so fremd? Ihr kennt mich
                          wohl!
Antipholus v. E. Ich sah Euch nie im Leben, Herr,
                     bis jetzt.
Ägeon. Oh! Gram hat mich gewelkt, seit ihr mich saht,
   Und Sorg' und die entstell'nde Hand der Zeit
   Schrieb fremde Furchen in mein Angesicht.
   Doch sag mir, kennst du meine Stimme nicht?
Antipholus v. E. Auch diese nicht.
Ägeon. Du auch nicht, Dromio?
Dromio v. E. Nein, in der Tat nicht, Herr.
Ägeon. Ich weiß, du kennst sie.
Dromio v. E. Ich, Herr? Ich weiß gewiß, ich kenne
   Euch nicht. Und was jemand auch immer leugnen
   mag, Ihr seid jetzt verbunden, ihm zu glauben.
Ägeon. Auch nicht die Stimm'? O Allgewalt der Zeit!
   Lähmst und entnervst du so die arme Zunge
   In sieben kurzen Jahren, daß mein Sohn
   Nicht meines Grams verstimmten Laut mehr kennt?
   Ward gleich mein runzlig Angesicht umhüllt
   Vom flock'gen Schnee des saftverzehr'nden Winters;
   Erstarrten gleich die Adern meines Bluts,
   Hat doch die Nacht des Lebens noch Gedächtnis,
   Mein fast erloschnes Licht noch matten Schein,
   Vernimmt mein halbbetäubtes Ohr noch Töne,
   Und all' die alten Zeugen trügen nicht,
   Und nennen dich mein Kind Antipholus!
Antipholus v. E. Nie sah ich meinen Vater, seit ich
                    lebe!
Ägeon. Du weißt doch, Sohn, es sind jetzt sieben Jahr,
   Seit du wegzogst von Syrakus; vielleicht
   Schämst du dich, mich im Elend zu erkennen?

Antipholus v. E. Der Herzog, und wer in der Stadt
                                    mich kennt,
  Kann mir bestät'gen, daß es so nicht ist;
  Nie sah ich Syrakus in meinem Leben.
Herzog. Ich sag dir, Syrakuser, zwanzig Jahr'
  Lebt unter meinem Schutz Antipholus
  Und war seitdem noch nie in Syrakus;
  Dich macht Gefahr und Alter, scheint mir, kindisch.
   (Die Äbtissin kommt mit Antipholus von Syrakus
       und Dromio von Syrakus.)
Äbtissin. Mein Fürst, viel Unrecht tat man diesem
                                        Mann.
    (Alle drängen sich, ihn zu sehen.)
Adriana. Zwei Gatten seh ich, täuscht mich nicht
                                    mein Auge!
Herzog. Der eine ist des andern Genius;
  Doch nun, wer ist von beiden echter Mensch
  Und wer Erscheinung? Wer entziffert sie?
Dromio v. S. Ich, Herr, bin Dromio; heißt mir diesen
                                        gehn.
Dromio v. E. Ich, Herr, bin Dromio; bitt Euch, laßt
                                    mich stehn.
Antipholus v. S. Seh ich Ägeon? oder seinen Geist?
Dromio v. S. Mein alter Herr? Wer hat Euch hier
                                    gebunden?
Äbtissin. Wer ihn auch band, die Bande lös ich jetzt,
  Und seine Freiheit schafft mir einen Gatten.
  Sprich, Greis Ägeon, wenn du's selber bist,
  War nicht Ämilie deine Gattin einst,
  Die dir ein schönes Zwillingspaar geschenkt?
  O wenn du *der* Ägeon bist, so sprich,
  Und sprich zu ihr, der nämlichen Ämilia!
Ägeon. Wenn alles dies kein Traum, bist du Ämilia;
  Und wenn du's bist, so sprich: Wo ist der Sohn,
  Der mit dir schwamm auf jenem leid'gen Floß?
Äbtissin. Von Epidamnern wurden er und ich
  Mitsamt dem Zwilling Dromio aufgefangen;
  Dann kamen rohe Fischer aus Korinth,
  Die meinen Sohn und Dromio mir entführt
  Und mich den Epidamnern Schiffern ließen.

Was drauf aus ihnen wurde, weiß ich nicht;
Mir fiel das Los, in dem ihr jetzt mich seht.
Herzog. Das paßt ja zu der Mär von heute morgen!
Die zwei Antipholus, so täuschend gleich,
Und die zwei Dromio, eins dem Ansehn nach;
Dazu der Schiffbruch, dessen sie gedenkt! —
Dies sind die Eltern dieser beiden Söhne,
Die sich durch Zufall endlich wiederfinden.
Antipholus, du kamst ja von Korinth?
Antipholus v. S. Nein, Herr, ich nicht; ich kam von
Syrakus.
Herzog. Tritt auf die Seit', ich unterscheid euch nicht.
Antipholus v. E. Ich war's, der von Korinth kam,
gnäd'ger Herr.
Dromio v. E. Und ich mit ihm.
Antipholus v. E. Hieher geführt vom Herzog Me-
naphon,
Dem tapfern Helden, Euerm würd'gen Ohm.
Adriana. Wer von euch beiden speiste heut bei mir?
Antipholus v. S. Ich, werte Frau.
Adriana. Und seid Ihr nicht mein Mann!
Antipholus v. E. Nicht doch! Da tu ich Einspruch.
Antipholus v. S. Das tu ich auch, obgleich Ihr mich
so nanntet,
Und dieses schöne Fräulein, Eure Schwester,
Mich Bruder hieß. Was ich Euch da gesagt,
Das hoff ich alles bald noch gutzumachen,
Wenn nur kein Traum ist, was ich jetzt erlebt.
Angelo. Das ist die Kette, Herr, die ich Euch gab!
Antipholus v. S. Ich will's Euch glauben, Herr, ich
leugn es nicht.
Antipholus v. E. Und Ihr, Herr, nahmt mich fest
um diese Kette.
Angelo. Ich glaub, ich tat es, Herr, ich leugn es nicht.
Adriana. Ich hatt' Euch Gold geschickt, Euch loszu-
kaufen,
Durch Dromio; doch ich glaub; er bracht' es nicht.
Dromio v. E. Nein, nichts durch mich.
Antipholus v. S. Die Börse mit Dukaten kam an
mich,

Und Dromio, mein Diener, gab sie mir;
Ich seh, wir trafen stets des andern Diener,
Und mich hielt man für ihn, wie ihn für mich;
Daraus entstanden diese Irrungen.

Antipholus v. E. Mit diesem Gold erlös ich meinen
Vater.

Herzog. Es tut nicht not; dein Vater bleibt am Leben.

Kurtisane. Herr, meinen Diamant gebt mir zurück!

Antipholus v. E. Nehmt ihn und vielen Dank für
Eure Mahlzeit.

Äbtissin. Erhabner Fürst, geruht Euch zu bemühn,
Mit uns in die Abtei hineinzugehn
Und unser ganzes Schicksal zu vernehmen.
Und alle, die ihr hier versammelt seid,
Und littet durch die vielverschlungne Irrung
Des *einen* Tags, Gesellschaft leistet uns,
Und wir versprechen euch genug zu tun.
Ja, fünfundzwanzig Jahr' lag ich in Wehn
Mit euch, ihr Söhn', und erst in dieser Stunde
Genas ich froh von meiner schweren Bürde.
Der Fürst, mein Gatte, meine beiden Kinder,
Ihr, Zeugen diesem Wiegenfeste,
Kommt mit hinein, wir feiern's heut aufs beste;
So eilt nach langem Gram uns zu geleiten!

Herzog. Gern will ich als Gevatter Euch begleiten.

Kurtisane. Das Kloster dürfte kaum für mich ge-
eignet sein!
Herr Dr. Zwick, wie wär's, ich lad zu mir Euch ein?
*(Alle ab; es bleiben die beiden Antipholus,
die beiden Dromio.)*

Dromio v. S. Herr, hol ich Eure Waren aus dem
Schiff?

Antipholus v. E. Ei, Dromio, was für Waren hab
ich dort?

Dromio v. S. Das Gut, das im „Zentauren" war ge-
lagert!

Antipholus v. S. Er spricht zu mir; ich, Dromio, bin
dein Herr.
Komm, geh mit uns, das wird hernach besorgt;
Umarm den Bruder jetzt und freu dich seiner!

(Die beiden Antipholus gehn ab.)

Dromio v. S. Die dicke Schönheit dort bei deinem
Herrn,
Die heute mich am Küchentisch verpflegt,
Wird meine Schwester nun, nicht meine Frau?
Dromio v. E. Mich dünkt, du bist mein Spiegel, nicht
mein Bruder.
Ich seh an dir, ich bin ein hübscher Bursch.
Sag, kommst du mit hinein zum Patenschmaus?
Dromio v. S. Ich nicht; du bist der Älteste.
Dromio v. E. Das fragt sich noch; wie führst du den
Beweis?
Dromio v. S. Wir wollen Halme ziehn ums Seniorat;
Bis dahin geh voran.
Dromio v. E. Nein; sei's denn so:
Wir kamen in die Welt, ein Bruder mit dem andern:
Drum gehn wir Hand in Hand, nicht einer vor dem
andern.

(Sie gehn ab.)

NACHWORT

„Die Komödie der Irrungen" (The Comedy of Errors), eines der frühesten Lustspiele Shakespeares wenn nicht sein erstes überhaupt, stützt sich auf die „Menaechmi" des Plautus. Gegenüber der Vorlage des römischen Dichters verdoppelt der Brite das Zwillingsthema, indem er dem Brüderpaar der Antipholi noch das Dienerpaar der beiden Dromios an die Seite stellt. Ob eine ältere englische Bearbeitung des gleichen Stoffes, die „History of Errors" (um 1585), diese Verdoppelung auch schon enthielt, ist unbekannt. Shakespeare begründet sie gleich in der 1. Szene ausführlich, wenn der leidgeprüfte Vater der Zwillinge, Ägeon, dem Herzog von dem seltsamen Ereignis berichtet, daß zur gleichen Zeit, da seine Frau mit Zwillingen beschenkt wurde, im gleichen Gasthaus eine arme Frau mit Zwillingen gesegnet wurde, die der reiche Mann dann den armen Eltern abkaufte und großzog „zum Dienst der meinen". Diese Szene wegzulassen, wie es in neueren Bearbeitungen des Stückes geschehen ist, würde einen zu gewaltsamen Eingriff bedeuten, der sich kaum rechtfertigen läßt. Shakespeare rückt mit ihr nicht nur die Verdoppelung der Zwillinge ins rechte Licht, er rahmt mit der das Tragische streifenden Gestalt des Ägeon die ganze Handlung des sonst so übermütigen Spieles bedeutsam ein. Der tiefe Schmerz des Vaters klingt noch einmal (in der letzten Szene des Stückes) auf seinem Wege zur Hinrichtung unüberhörbar an.

Im übrigen ist es von hohem Reiz, zu verfolgen, wie schon hier, in diesem Frühwerk des Genius, sich Kräfte regen, gleichsam knospenhaft aufschießen, die in dem weiteren Schaffen sich universal entfalten sollten. Da ist die Gestalt des Herzogs, des ersten würdigen Repräsentanten dieses Typs, der im Werk Shakespeares noch oftmals die Rolle des leitenden und ausgleichenden Elementes zu spielen haben wird, bis hin zur höchsten und letzten Vergeistigung dieses Typs im dramatischen Testament des Dichters, dem „Sturm". Da scheint in der bezaubernden Werbe-Szene (3. Akt, 2. Szene) schon die hinreißende Lyrik der Balkon-Szene in „Romeo und Julia" vorgeahnt. Da sprudelt es in den Dromio-Partien von Wortspielen und Wendungen, wie sie der Dichter noch hundertfältig handhaben wird. Und da offenbart sich vor allem in der Szenenführung schon die volle Meisterschaft des echten Theaterdichters, der dem Publikum in der 1. Szene des Stückes das Zwillingsmotiv ungeschminkt mitteilt, so daß für den aufmerksamen Zuhörer von dieser Seite her eigentlich keine Überraschungen mehr kommen können. Diese sind ausschließlich den handelnden Personen der Komödie unter sich vorbehalten.

Der vorliegenden Ausgabe liegt die Schlegel-Tiecksche Fassung (Übersetzung von Baudissin) zugrunde. Sie wurde nur in geringfügigen sprachlichen Wendungen dem neueren Gebrauch angeglichen. Der einzige Eingriff, den sich der Herausgeber gestattet hat, findet sich im fünften Akt. Hier ist ein nochmaliger Auftritt des Dr. Zwick eingeschaltet, der im Original nicht angegeben ist, zu dem der Text aber geradezu drängt. Den Schwätzer und Beschwörer, den der Dichter durch den Diener so köstlich schildern läßt:

„Der Doktor festgebunden, und sein Bart
Mit Feuerbränden schmählich abgesengt.
Sooft er flammte, gossen sie aus Eimern
Schlammwasser drüber hin, das Haar zu löschen."

in diesem Zustand im Gefolge des Antipholus von Ephesus noch einmal auftreten zu lassen, ist von starker Bühnenwirkung, wie ein praktischer Versuch in einer Studio-Aufführung auf der Kölner Universitätsbühne erwiesen hat. Die Vermutung liegt nahe, daß es auch schon früher so gehandhabt sein könnte. Die etwas langatmige Schimpfkanonade des Antipholus von Ephesus wird dadurch jedenfalls ungemein aufgelockert, zumal wenn man ihn dabei auf den „Zauberer" einhauen läßt. Es waren nur ganz kurze Wort-Einschübe nötig, ein Ausruf im Munde des Dr. Zwick und ein beschwichtigendes Wort des Herzogs. Im weiteren Verlauf des Aktes wurde dann noch ein Abgang-Vers für die Kurtisane hinzugefügt. Dieses sind die einzigen Veränderungen bzw. Ergänzungen gegenüber dem Original. Die Ortsbezeichnung „Zimmer" (4. Akt, 2. Szene) wurde — anstelle des „The Same" im Original — wie bei Tieck-Baudissin beibehalten, im übrigen wurden aber die Ortsbezeichnungen des Originals gewählt anstelle der bei Tieck-Baudissin durchweg angenommenen „Straße". Die 1. Szene des ersten Aktes schreibt im Original z. B. ausdrücklich vor: „A Hall in the Duk's Palace."

Die Bühnengeschichte des Werkes ist wechselvoll. Gedruckt erscheint es zum ersten Male in der Folio-Ausgabe von 1623 ohne Szeneneinteilung. Mit großer Wahrscheinlichkeit gehörte das Stück zum Repertoire der englischen Komödianten, die im 17. Jahrhundert nach dem Festland kamen. Die erste deutsche Übersetzung nach dem Original nahm Wieland vor, allerdings in Prosa (1764). 1776 erschien die Ausgabe von J. J. Eschenburg. Ein 1777 in Frankfurt gedrucktes und mehrfach aufgeführtes Lustspiel „Die Irrungen" von G. F. W. Großmann ist offenkundig von Shakespeares Werk übernommen. Es machte aus den beiden Antipholi einen „Reichard von Hamburg" und einen „Reichard von Berlin". Die beiden Dromios sind ein Hamburger und ein Berliner Johann. Dem Zeitgeschmack entsprechend sind Musiknummern eingefügt. Nach weiteren Übersetzungen von Joh. H. Voß, Bauernfeld u. a. brachte die große, umfassende Schlegel-Tieck-Ausgabe die entscheidende Tat der originalgetreuen und sprachlich hochwertigen Übersetzung auch dieses Stückes (1831), der sich dann bis zu unsern Tagen hin noch zahlreiche weitere Versuche, teils in originalgetreuer Übersetzung, teils in freier Bearbeitung, anschlossen. Besondere Verdienste um die Neugewinnung des Werkes für die Bühne erwarben sich 1848 Karl Holtei in Hamburg und 1851 Heinrich Laube in Wien. Einen Markstein in der Bühnengeschichte der „Komödie der Irrungen" bildete die Aufführung in den Kammerspielen des Deutschen Theaters in Berlin 1910 durch Max

Reinhardt. Er brachte das Stück zum ersten Male im Kolorit des Orients, wozu ihm Ernst Stern das Bühnenbild und die entsprechenden Kostüme entwarf. Die Figurinen sind erhalten und befinden sich heute im Besitz des Theaterwissenschaftlichen Instituts der Universität Köln (Sammlungen von Prof. Dr. Carl Niessen).

In ihrer unverwüstlichen Komik, mit ihrem echten Theatertemperament und ihren glänzenden Rollen dürfte „Die Komödie der Irrungen" auch in Zukunft ein Repertoirestück der deutschen Bühnen bleiben. Doch wird nur die Zugrundelegung des ungekürzten Originals das Stück vor dem Abgleiten ins Schwankhafte bewahren können und ihm den wahren Charakter eines ebenso ausgelassenen wie graziösen Lustspiels erhalten.

Otto C. A. zur Nedden

William Shakespeare

EINZELAUSGABEN
IN RECLAMS UNIVERSAL-BIBLIOTHEK

Antonius und Cleopatra. Trauerspiel. UB Nr. 39

Coriolanus. Trauerspiel. UB Nr. 69

Cymbelin. Schauspiel. UB Nr. 225 [2]

Ende gut, alles gut. Lustspiel. UB Nr. 896

Hamlet. Trauerspiel. UB Nr. 31 [2] – dazu *Erläuterungen und Dokumente.* UB Nr. 8116 [3]

Julius Cäsar. Trauerspiel. UB Nr. 9

Der Kaufmann von Venedig. Lustspiel. UB Nr. 35

König Heinrich der Vierte. Schauspiel. UB Nr. 81 [2]

König Lear. Trauerspiel. UB Nr. 13

König Richard der Zweite. Schauspiel. UB Nr. 43

König Richard der Dritte. Schauspiel. UB Nr. 62

Die Komödie der Irrungen. UB Nr. 273

Macbeth. Trauerspiel. UB Nr. 17

Maß für Maß. Lustspiel. UB Nr. 196

Othello. Trauerspiel. UB Nr. 21

Romeo und Julia. Trauerspiel. UB Nr. 5 [2]

Ein Sommernachtstraum. Komödie. UB Nr. 73

Der Sturm. Zauberlustspiel. UB Nr. 46

Troilus und Cressida. Trauerspiel. UB Nr. 818

Viel Lärmen um Nichts. Lustspiel. UB Nr. 98

Was ihr wollt. Lustspiel. UB Nr. 53

Der Widerspenstigen Zähmung. Lustspiel. UB Nr. 26

Wie es euch gefällt. Lustspiel. UB Nr. 469

Das Wintermärchen. Schauspiel. UB Nr. 152

Philipp Reclam jun. Stuttgart

Der Neue Reclam Shakespeare

ZWEISPRACHIG

As You Like It / Wie es Euch gefällt. (H. Geisen / D. Wessels)
7734 [3]

Julius Caesar. (D. Klose) 9816 [3]

Hamlet. Bd. 1: Einführung. Text. Übersetzung. Textvarianten.
(H. M. Klein) 8243 [4] Bd. 2: Kommentar. Bibliographie.
(H. M. Klein) 8244 [8]

King Henry V / König Heinrich V. (D. Hamblock) 9899 [3]

King Lear / König Lear. (U. Suerbaum / R. Borgmeier /
B. Puschmann-Nalenz) 9444 [3]

King Richard II / König Richard II. (D. Hamblock) 9806 [3]

King Richard III / König Richard III. (H. Geisen) 9881 [4]

Macbeth. (B. Rojahn-Deyk) 9870 [3]

Measure for Measure / Maß für Maß. (W. Pache) 4523 [4]

The Merchant of Venice / Der Kaufmann von Venedig.
(B. Puschmann-Nalenz) 9800 [3]

A Midsummer Night's Dream / Ein Sommernachtstraum.
(W. Franke) 9755 [2]

Othello. (D. Hamblock) 9830 [3]

Romeo and Juliet / Romeo und Julia. (H. Geisen) 9942 [3]

The Sonnets / Die Sonette. Englisch und in ausgewählten deutschen Versübertragungen. (R. Borgmeier) 9729 [3]

The Taming of the Shrew / Der Widerspenstigen Zähmung.
(B. Rojahn-Deyk) 8032 [3]

The Tempest / Der Sturm. (G. Stratmann) 7903 [3]

Titus Andronicus. (D. Wessels) 8476 [3]

Twelfth Night / Was ihr wollt (Der Dreikönigstag). (N. H. Platz
u. E. Platz-Waury) 9838 [3]

The Winter's Tale / Das Wintermärchen. (H. Geisen) 8393 [3]

Philipp Reclam jun. Stuttgart